数字经济与电子商务：现代服务业高质量发展研究

戴 明 著

中国纺织出版社有限公司

内 容 提 要

本书深入研究了当今数字化时代数字经济、电子商务与现代服务业之间的关系，全面剖析了数字经济的理论基础，电子商务发展的现状与趋势，现代服务业的演变与特征，论述了数字经济与电子商务对现代服务业的影响及其在服务业中的应用和推动作用。通过深入研究数字经济、电子商务与服务业的协同创新，揭示了协同创新的关键因素。本书还分析了国家政策对数字经济与电子商务的支持，为数字经济、电子商务与现代服务业高质量发展提供理论支持和实际指导。

本书旨在帮助读者深刻理解数字时代下服务业的发展趋势，为相关领域的研究者、从业者和政策制定者提供有益的参考。

图书在版编目(CIP)数据

数字经济与电子商务：现代服务业高质量发展研究 / 戴明著. -- 北京：中国纺织出版社有限公司，2024. 8.
ISBN 978-7-5229-2022-1

Ⅰ. F726.9

中国国家版本馆 CIP 数据核字第 202484HV66 号

责任编辑：段子君　　责任校对：王蕙莹　　责任印制：储志伟

中国纺织出版社有限公司出版发行
地址：北京市朝阳区百子湾东里 A407 号楼　邮政编码：100124
销售电话：010—67004422　传真：010—87155801
http://www.c-textilep.com
中国纺织出版社天猫旗舰店
官方微博 http://weibo.com/2119887771
天津千鹤文化传播有限公司印刷　　各地新华书店经销
2024 年 8 月第 1 版第 1 次印刷
开本：710×1000　1/16　印张：10.25
字数：160 千字　定价：99.90 元

前　言

随着数字技术的迅猛发展和电子商务的普及，数字经济已经成为推动现代服务业高质量发展的重要力量。本书旨在深入探讨数字经济与电子商务对现代服务业的影响及其在协同创新方面的作用，为促进服务业数字化转型和高质量发展提供理论支撑和实践指导。

第一章介绍了研究的背景与动机，指出了数字经济和电子商务对现代服务业发展的重要意义。

第二章阐述了数字经济的理论基础，包括数字经济的定义、特征以及对经济的影响，同时介绍了数字经济案例研究。

第三章分析了电子商务发展的现状与趋势，包括电子商务的发展历程、业态与模式，及其在全球化背景下的发展情况等。

第四章探讨了现代服务业的演变与特征，包括现代服务业的定义与范畴、数字化转型、新业态和高质量发展路径。

第五章重点讨论了数字经济与电子商务对现代服务业的影响，包括数字经济对服务业的影响、电子商务在服务业中的应用、技术创新对服务业的推动作用，以及现代服务业的数字化战略。

第六章探讨了数字经济、电子商务与服务业的协同创新，包括协同创新的概念与特征、数字经济与电子商务在创新中的角色、服务业协同创新的成功案例。

第七章分析了政策与法规环境下的数字经济与电子商务发展，包括国家政策对数字经济与电子商务的支持、国际经验与对我国的启示以及政策与法规的创新与调整。

第八章总结了研究成果，对本书理论贡献进行了概括，并提出了实践意义与建议。

笔者希望读者阅读本书后能够对数字经济、电子商务和现代服务业的相互关系有一个更深刻的理解。在社会经济高质量发展的大背景下，希望本书的理论研究、实践意义以及政策建议能为推动数字经济、电子商务与现代服务业的健康发展提供启示。

著者

2024 年 1 月

目 录

第一章　导论

第一节　背景与研究动机

一、数字经济与电子商务背景

数字经济与电子商务在全球范围内迅速崛起，成为信息技术与商业交汇的重要节点。数字经济的核心是以信息和数据为驱动力，通过数字化技术对传统产业进行深度融合，从而引发经济结构的深刻变革。数字经济的发展不仅是技术的进步，更是一场经济形态的深刻演变。数据的广泛采集、存储和处理，以及先进的分析技术，使得企业能够精准地洞察市场，优化资源配置，提高企业运行的效率和效益。

在数字经济发展的背景下，电子商务作为数字经济的重要组成部分，正在彻底改变传统商业模式。电子商务打破了地域限制，通过互联网平台实现商品、服务和信息的在线交换，提供了更为便捷和高效的商业运作方式。这一模式不仅改变了企业与消费者之间的关系，也重新定义了供应链、分销渠道以及市场营销的流程。电子商务不仅是线上零售的代名词，还包括了在线支付、物流配送、电子合同等一系列数字化服务，为商业活动提供了全新的可能性。

数字经济和电子商务的快速发展对现代服务业产生了深远的影响，成为推动服务业高质量发展的关键力量。服务业作为经济增长的主要引擎之一，正在经历数字化转型的深刻变革。服务业的数字化转型不仅包括了技术的广泛应用，还涵盖了服务业的商业模式、组织结构和经营管理等方方面面。服务业通过数字经济和电子商务的引领，在提高效率、提升质量、创新服务模式等方面取得了显著的进展。

数字经济和电子商务的崛起为服务业注入了新的动能。在数字化的趋势下，服务业不再局限于传统的线下交易，而是通过数字平台实现线上线下融合，提供更为个性、便捷、智能的服务。服务业的数字化转型不仅提高了服务质量，也加强了企业与客户之间的互动，推动了商业模式的创新。因此，数字经济和电子商务的发展为服务业打开了广阔的发展空间，塑造了现代服务业的新面貌。

二、研究领域的重要性

随着全球经济的迅速数字化转型，服务业在这一变革过程中显得尤为重要。服务业作为经济的支柱性行业之一，不仅在国民经济中占有巨大比重，而且直接关系到社会生产力和人民生活水平的提高。在这一大背景下，数字经济和电子商务的崛起愈发显著，它们对服务业产生了深刻而广泛的影响。

现代服务业的高质量发展已然成为经济可持续增长的关键保障。服务业的特性决定了它在数字经济和电子商务的影响下呈现出独特的发展轨迹。服务业的数字化转型不仅仅意味着技术的应用，更意味着商业模式、服务模式和管理方式的全面创新。数字经济和电子商务的介入，为服务业提供了更广阔的市场空间、更高效的业务运作手段以及更智能的管理工具。这种影响不仅体现在企业层面，更影响了整个服务业的生态系统。

深入研究数字经济、电子商务与现代服务业的关系，对于把握新时代经济发展趋势至关重要。首先，服务业的数字化转型将直接影响国民经济的结构和运行方式。通过数字经济和电子商务的引领，服务业逐渐摆脱了传统线下局限向线上迈进，形成了线上线下融合的新模式。这种变革不仅提升了服务业的运营效率，也为服务企业创新提供了更广泛的发展空间。其次，数字经济和电子商务对服务业的影响在全球范围内愈发显著。随着数字技术的普及，服务业国际化趋势日益加强。服务业突破地域限制，形成全球性的竞争格局。最后，深入研究数字经济、电子商务与现代服务业的关系，对于提高服务业的核心竞争力至关重要。数字经济和电子商务的快速发展使得服务业的竞争重心逐渐由传统的价格和规模扩张转向了创新和客户体验。在这一新的竞争环境下，服务企业需要更灵活、更具创新性地应对市场需求。因此，研究服务业如何借助数字经济和电子商务提升核心竞争力，有助于企业更好地适应市场的变化，提高盈利能力。

三、研究动机与目的

在数字经济和电子商务蓬勃发展的背景下，服务业正经历着前所未有的机遇和挑战。这一时代性的变革对服务业的影响不仅仅是表面的数字化和在线化，更是涉及商业模式、竞争格局和消费者行为的深刻变化。正是在这个背景下，深入研究数字经济、电子商务与现代服务业的相互关系成为当务之急，以揭示其发展趋势和影响因素，为服务业的高质量发展提供理论支持和实践指导。

研究动机源自对服务业发展中面临的新挑战和机遇的深刻认识。数字经济和电子商务的崛起带来了消费者需求、市场竞争和商业合作等多方面的变革，服务业需要全面理解这些变化，并迎接由此产生的新机遇。因此，深入研究数字经济、电子商务与现代服务业的关系可以为服务业更好地适应新经济环境、提升其在全球经济中的地位提供理论依据。

研究目的在于为服务业的高质量发展提供有力的理论支持和实践指导。深入分析数字经济和电子商务对现代服务业的影响机制，可以帮助我们更好地优化服务业的运作模式、提升服务质量以及增强核心竞争力。这一研究旨在为传统服务业向现代服务业转型提供战略方向，使其更好地适应数字化时代的发展要求。

通过研究数字经济和电子商务对现代服务业的影响，我们还可以深刻理解服务业的发展趋势和影响因素，包括数字技术的应用、创新商业模式的涌现以及服务业全球化的加速等。为企业制定长期战略提供依据，也为政府决策提供有针对性的政策建议。

第二节　研究问题与目标

一、主要研究问题的界定

在数字经济、电子商务和现代服务业相互交汇的复杂背景下，本书明确定义了三个研究的主要问题，以深入探讨数字经济和电子商务对现代服务业产生的多层次和复杂性影响。

第一，数字经济如何影响现代服务业的发展。这一问题旨在深入研究数字经济作为一种新型经济形态，如何通过信息和数据，对现代服务业产生影响。数字经济在服务业中的具体体现包括技术的应用、商业模式的变革以及对服务质量和效率的影响。

第二，电子商务在服务业中有哪些应用模式和效果。电子商务作为数字经济的关键组成部分，对服务业的影响不仅仅限于在线交易的方便性。本书探究电子商务在不同服务领域中的应用模式，包括但不限于在线零售、在线支付、物流配送等。同时，本书还关注电子商务的实际效果，如对服务业创新的推动、市场竞争格局的变化以及对消费者体验的影响。

第三，现代服务业在数字经济和电子商务推动下的创新路径，这涉及服务业如何适应数字化时代变革的问题，以及在这一过程中出现的创新形式。本书深入研究服务业的数字化转型路径，关注新兴技术的应用、服务业新业态的涌现以及服务模式的创新。解析服务业的创新路径能够使我们更全面地理解数字经济和电子商务对服务业带来的影响，为未来服务业的发展提供理论和实践指导。

二、明确化研究目标

本研究的目标在于系统地探讨数字经济、电子商务与现代服务业的关系。要深刻理解它们之间的相互作用和影响需明确以下几个目标。首先，数字经济和电子商务的核心特征可以解析其对现代服务业的影响机制。本书通过对数字经济的定义与特征以及电子商务在数字经济中的地位进行全面梳理，揭示数字经济和电子商务如何利用信息和数据深刻影响现代服务业的发展。其次，探索电子商务在服务业中的业态与模式可以揭示其对服务业创新的推动作用。本书通过对电子商务的发展历程、业态结构和创新模式的案例研究，深入分析电子商务在服务业中的具体应用，探讨其对服务业商业模式的改变、对市场竞争格局的影响，以及对服务质量和效率的提升等方面的作用。最后，研究现代服务业的数字化转型路径，为促进服务业高质量发展提供建议，包括技术创新、管理创新、市场营销策略等面向数字经济和电子商的服务业发展战略建议，以促进服务业适应数字时代的发展要求，实现可持续发展。

第三节 研究方法与框架

一、使用的研究方法

本研究将采用多种研究方法，以全面深入地探讨数字经济、电子商务与现代服务业的关系。首先，进行文献综述，系统梳理相关领域的学术文献，以揭示数字经济、电子商务与现代服务业的研究现状。对先有研究的归纳和总结，能够建立对该研究领域的整体认知，为后续深入研究提供理论基础。其次，将采用案例分析的方法，通过深入剖析实际案例，重点关注数字经济和电子商务在服务业中的应用，以揭示其影响机制和推动作用。案例更加贴近实际业务操作，可以展示数字经济和电子商务在不同服务领域中的具体运作模式，使我们了解其对服务业商业模式、市场竞争格局和创新能力的具体影响。

二、研究框架的构建与选择

研究框架的构建与选择将紧密围绕数字经济、电子商务与现代服务业的相互关系展开。首先，本研究对数字经济和电子商务的核心概念进行明确定义和深入分析，以确立研究的理论基础，为后续研究提供清晰的概念边界。其次，本研究深入探讨电子商务在不同服务业领域的应用模式和效果。电子商务在服务业中的具体案例可以揭示其在不同服务领域的应用模式，如在线零售、在线支付、物流配送等。本研究深入分析这些模式对服务业创新和效益的实际影响，全面展现电子商务在服务业中的多样化应用场景，为后续研究提供具体案例支持。最后，本研究为现代服务业在数字经济和电子商务推动下的创新路径与高质量发展提供建议，涉及服务业技术创新、服务模式创新和管理创新等数字化转型路径方面的内容。

整个研究框架有助于我们系统地理解数字经济、电子商务与现代服务业这三者之间的复杂交互，为学术界和实际业务提供理论支持和实践指导。

第二章　数字经济的理论基础

第一节　数字经济的定义与特征

一、与数字经济相关的概念

（一）知识经济

知识经济是一种以知识等智力成果为基本要素，以脑力劳动为主体的经济形态。它依赖于知识和信息的生产、消费和使用，是人类社会经济发展的新阶段。知识经济的兴起源于产业结构的升级，传统的劳动密集型产业逐渐向信息、教育、通信等知识密集型产业转变。因此，知识经济的核心要素是拥有专业化的高素质人才。

知识经济是科学技术发展的产物，标志着人类社会进入以知识为依托的新经济时代。在知识经济时代，传统的生产要素如土地、劳动力、资本逐渐被知识、技术、创新所取代，知识成为推动经济增长和社会进步的关键因素。知识经济的发展不仅改变了生产方式和经济结构，还深刻影响着人们的生活方式、思维方式和社会组织形式。

在知识经济的背景下，教育的作用凸显。教育不仅仅是传授知识，更重要的是培养学生的创新能力、解决问题的能力和团队合作精神，使其成为适应知识经济发展需要的人才。同时，信息技术的发展也为知识经济提供了强大的支撑，使知识的传播和交流变得更加便捷高效。

（二）信息经济

信息经济是一种新的经济模式，以信息产业为主导，信息产品生产和信息服务为主体。信息经济核心是信息，运作过程包括信息产品和信息服务的生产与传递，即信息产业化，同时也包括其他领域通过信息应用实现产出增加和效率提升的情况，即产业信息化。信息经济的兴起主要得益于信息技术革命，特别是以信息和通信技术（ICT）为代表的信息产业的迅猛发展。这些信息产业不断融入社会经济运行的各个层面，逐渐改变了生产方式和生活方式。信息经济的发展不仅改变了企业的经营模式和竞争方式，也对整个社会经济结构产生了深远影响。信息技术的普及和信息产业的发展，使得信息资源的获取、传递和利用更加便捷，促进了信息产业的繁荣与发展，同时也推动了社会经济的快速增长。信息经济的发展，将对经济结构、产业格局、企业管理等方面产生深远的影响，因此，我们需要不断加强信息技术的创新与应用，推动信息经济的持续健康发展。

（三）互联网经济

互联网经济是指以互联网技术为支撑，以网络平台为媒介，以应用技术创新为核心的生产、交换、分配和消费等各种经济活动的总和。随着科技的不断进步和互联网的普及，互联网经济已经成为当今社会经济发展的重要组成部分。在当前发展阶段下，互联网经济主要表现为五大形式：电子商务、移动互联、数据服务、搜索引擎和网络游戏。这些形式不仅带动了传统产业的转型升级，也为新兴产业的崛起提供了机遇。

互联网经济的重要性不言而喻。互联网已经成为和传统基础设施如水电、交通同等重要的基础设施。特别是在信息化程度不断提高的今天，互联网经济的作用更加凸显。互联网经济突出表现为“互联网＋”形态，这是一种将互联网的创新成果与经济社会各领域深度融合的模式。这种融合不仅加速了信息流、资金流和人才流的畅通，也为经济发展带来了新的增长点。

二、数字经济的核心特征

（一）数字化

1. 信息技术

信息技术是数字化经济的基石。信息技术的发展使得数据的获取、传输、存储和处理变得更加高效和便捷。在数字经济中，信息技术的应用可以帮助企业实现生产自动化、管理智能化和服务个性化，提高企业生产效率和决策水平。

信息技术包括计算机技术、通信技术、网络技术、数据库技术等。计算机技术的发展使得计算机成为生产和生活中的重要工具。网络技术的发展使得全球范围内的信息传递和共享成为可能，为数字经济的发展提供了基础。

2. 通信技术

通信技术在数字经济中发挥着重要作用。通信技术的发展不仅加速了信息传播的速度，也促进了人们之间的互动和合作。

通信技术包括无线通信技术、光纤通信技术、卫星通信技术等。无线通信技术的发展使得人们可以随时随地获取信息和进行通信，提高了通信的便利性和实时性。光纤通信技术的发展使得通信速度得到大幅提升，为数字经济的发展提供了有力支持。卫星通信技术的发展使得全球范围内的通信和信息传递成为可能，为数字经济的发展提供了广阔的空间。

3. 云计算

云计算是数字经济中一项重要的技术。云计算技术的应用可以为企业提供计算资源和存储空间，提高信息处理的效率，降低企业的 IT 成本。

云计算技术包括 IaaS、PaaS、SaaS 等。IaaS（基础设施即服务）为企业提供虚拟化的计算资源，如虚拟机、存储空间等。PaaS（平台即服务）为企业提供开发、测试和部署应用程序的平台。SaaS（软件即服务）为企业提供各种软件应用程序，如办公自动化软件、客户关系管理软件等。

4. 大数据

大数据是数字经济时代面临的一个重要挑战和机遇。大数据的产生和应用促进了经济活动的数字化和信息化，同时也为企业提供了更多的商业机会和发展空间。

大数据技术包括数据采集、数据存储、数据处理、数据分析等。数据采集技术的发展使得企业可以获取更多的数据资源，为数据分析和决策提供支持。数据存储技术的发展为海量数据的存储和管理提供了可能，如分布式存储、云存储等。数据处理技术的发展提高了数据的处理速度和准确性，为数据分析提供了支持。数据分析技术的发展使得企业可以对海量数据进行深入分析，挖掘数据中的价值和规律，为决策提供支持。

5. 人工智能

人工智能作为数字经济的重要支撑技术，正在改变人们的生活和工作方式。

人工智能技术包括机器学习、深度学习、自然语言处理等。机器学习技术的发展使得计算机可以从数据中主动学习和提取信息，为智能决策提供支持。深度学习技术的发展使得计算机可以进行图像识别、语音识别等复杂任务，为智能应用提供了可能。自然语言处理技术的发展使得计算机可以理解和生成自然语言，为智能客服、智能翻译等应用提供了支持。

（二）网络化

1. 互联网

互联网作为数字经济的核心基础设施，是将全球范围内的信息资源连接在一起的网络平台。它使得信息传播更加迅速，交流更加便捷，合作更加紧密为经济活动的开展提供了无限可能。

互联网的技术基础主要包括 TCP/IP 协议、网络路由技术、数据传输技术等。TCP/IP 协议是互联网的核心协议，负责数据的传输和路由。网络路由技术是指在网络中选择最佳路径将数据从一个节点传输到另一个节点的技术。数据传输技术包括数据编码、数据压缩、数据加密等，保证了数据在传输过程中的安全性和可靠性。

2. 移动互联网

移动互联网的普及和发展使得人们可以随时随地通过移动设备访问互联网，这极大地促进了数字经济的发展和普及。

移动互联网的技术基础包括无线通信技术、移动终端技术、移动操作系统等。无线通信技术是指通过无线电波传输数据的通信技术，包括 2G、3G、4G、5G 等。移动终端技术是指智能手机、平板电脑等移动设备的技术，包括触摸屏技术、处理器技术、电池技术等。移动操作系统是指运行在移动设备上的操作系统，如 iOS、Android 等，为移动应用的开发和运行提供了平台。

3. 网络经济

网络经济是数字经济的重要组成部分。它通过互联网平台实现了生产要素的高效配置和市场的精细化运作，推动了经济全球化的进程。

网络经济的特点包括边际成本递减、网络外部性、信息不对称等。边际成本递减是指在网络经济中，单位产品的成本随着生产规模的扩大逐渐降低。网络外部性是指网络的价值随着用户数量的增加而增加，用户越多，网络的价值越大。

信息不对称是指在交易过程中，买方和卖方拥有不同的信息水平，这可能导致市场失灵和资源配置效率低下。

网络经济中的商业模式主要包括电子商务、在线广告、共享经济等。电子商务是指通过互联网进行的商业活动，如网上购物、在线支付等。在线广告是指通过互联网进行的广告活动，如搜索引擎广告、社交媒体广告等。共享经济是指通过互联网平台实现的资源共享的经济活动，如共享单车、共享住宿等。

4. 数字化生态系统

数字经济的发展形成了一个庞大的数字化生态系统。这个生态系统包括了数字化的生产、管理、交易等各个环节，这些环节相互连接、相互作用，共同推动数字经济的发展。数字化生态系统的核心要素包括数字化技术、数字化平台、数字化企业等。

数字化技术是指将现实世界中的物理信息转化为数字信息的技术，如物联网技术、传感器技术、大数据技术等。数字化平台是指提供数字化服务和技术支持的网络平台，如淘宝、京东、微信等。数字化企业是指在数字化生态系统中运营的企业，它们通过数字化技术实现生产、管理、销售等环节的数字化。

数字化生态系统的运行机制包括价值创造、价值传递、价值获取等。价值创造是指企业通过数字化技术和新商业模式创造新的价值和机会。价值传递是指企业通过数字化平台和网络将价值传递给用户和消费者。价值获取是指企业通过市场和渠道获取价值，实现盈利和发展。

（三）智能化

1. 智能制造

智能制造是数字经济的重要发展方向，它通过集成先进的信息技术和制造技术，实现了生产过程的智能化和自动化。这一领域的发展，不仅极大地提高了生产效率和产品质量，还推动了制造业的转型升级。

智能制造的核心技术包括人工智能、机器学习、大数据分析、物联网、机器人技术等。人工智能和机器学习技术使得机器能够模拟人类的决策过程，通过不断学习和适应提高工作效率。大数据分析技术则能够处理和分析海量的生产数据，为生产过程提供优化建议。物联网技术使得设备之间能够互联互通，实现实时数据交换和监控。机器人技术则能够替代人工完成重复性高、危险性大的工作，提高生产安全性。

智能制造的应用场景非常广泛，可以应用在智能工厂、智能供应链管理、智能质量控制等方面。智能工厂通过集成各种智能技术，实现了生产过程的自动化和智能化。智能供应链管理通过实时监控和数据分析，优化了库存管理和物流配送。智能质量控制则通过自动检测和数据分析，确保了产品质量的稳定性和一致性。

2. 智能服务

智能服务是数字经济中的重要应用领域，它通过人工智能和大数据技术，为企业提供了个性化和智能化的服务。这些服务不仅提升了用户体验和满意度，还增强了企业的竞争力。

智能服务的关键技术包括自然语言处理、机器学习、推荐系统、情感分析等。自然语言处理技术使得机器能够理解和处理人类的语言，提供更加自然的人机交互体验。机器学习技术则能够通过分析用户行为和偏好，提供个性化的服务推荐。推荐系统技术能够根据用户的历史行为和偏好，推荐相关的产品或服务。情感分析技术则能够分析用户的情感状态，提供更加贴心的服务。

智能服务可以应用在智能客服、智能推荐、智能健康管理等场景。智能客服可以提供 24 小时不间断的客户服务。智能推荐系统则可以推荐个性化的产品或服务。智能健康管理则通过分析用户的健康数据，提供个性化的健康建议和预警。

3. 智能决策

智能决策是数字经济的重要支撑，它通过人工智能和大数据分析，帮助企业实现智能化的决策。这些决策不仅提高了决策的准确性和效率，还帮助企业在激烈的市场竞争中保持领先。

智能决策的核心技术包括数据挖掘、预测分析、优化算法等。数据挖掘技术能够从海量的数据中提取有价值的信息和模式。预测分析技术则能够根据历史数据预测未来的趋势和结果。优化算法技术则能够帮助企业找到最优的决策方案。

智能决策的应用场景包括市场分析、风险管理、运营优化等。市场分析通过分析市场数据，帮助企业了解市场趋势和消费者需求。风险管理通过分析风险数据，帮助企业识别和评估潜在的风险。运营优化通过分析运营数据，帮助企业提高运营效率和降低成本。

4. 智能交互

智能交互是数字经济的重要特征，它通过人工智能和自然语言处理技术，实现了企业与用户之间的智能化交互。这种交互不仅提高了用户体验和品牌忠诚度，还增强了企业的市场竞争力。

智能交互的关键技术包括语音识别、图像识别、手势识别等。语音识别技术使得机器能够理解和处理人类的语音指令。图像识别技术则能够识别和分析图像中的内容。手势识别技术则能够识别和理解人类的手势动作。

智能交互的应用场景包括智能助手、智能导航、智能游戏等。智能助手通过语音识别和自然语言处理技术，提供了便捷的语音交互体验。智能导航通过图像识别和定位技术，提供了准确的导航服务。智能游戏通过手势识别和图像识别技术，提供了沉浸式的游戏体验。

第二节　数字技术对经济运行的影响

一、数字技术在经济运行中的作用

（一）提高企业企业生产效率和创新能力

1. 自动化与智能化生产

（1）自动化技术的应用

自动化技术通过机器人和自动化设备的应用，显著提高了生产效率。例如，在汽车制造业中，机器人可以执行重复性高、危险性大的任务，如焊接和喷漆。机器人的使用不仅提高了生产速度，还降低了工伤事故的风险。此外，自动化生产线能够实现 24 小时不间断作业，大幅提高产能。

（2）智能化生产的实现

智能化生产通过物联网，实现了生产过程的实时监控和智能调整。例如，传感器收集的生产数据可以用于预测设备故障，实现预防性维护，减少停机时间。同时，智能化系统能够根据市场需求和原材料供应情况，自动调整生产计划，提高生产的灵活性和响应速度。

2. 创新能力的提升

（1）大数据分析的应用

大数据分析的应用使企业可以深入了解市场和消费者行为。企业分析海量数据，可以发现市场趋势和消费者偏好，从而快速调整产品设计和营销策略。例如，零售企业可以通过分析销售数据和社交媒体反馈，预测流行趋势，及时推出新产品。

（2）人工智能与机器学习的推动作用

人工智能和机器学习技术的发展，使得企业能够处理和分析复杂的数据集，发现潜在的商业机会。例如，企业通过分析消费者的历史购买记录，预测其未来的购买行为，进行精准营销。此外，机器学习算法可以优化产品设计，提高产品质量和性能。

（二）促进企业商业模式变革

1. 电子商务的兴起

（1）电子商务平台的普及

电子商务平台通过互联网连接全球买家和卖家，提供便捷的在线购物体验。消费者可以随时随地浏览和购买商品，而商家则可以通过平台接触到更广泛的客户群体。

（2）电子商务对传统零售的影响

电子商务的兴起对传统零售业产生了深远的影响。实体店铺面临着客流量减少和销售额下降的挑战，零售商被迫转型，发展线上线下结合的商业模式。

2. 共享经济的创新

（1）共享经济平台的运作模式

共享经济平台通过在线平台将闲置资源与需求方连接起来，实现资源的高效利用。这种模式不仅为资源所有者提供了额外的收入，也为消费者提供了更多的选择和便利。

（2）共享经济对传统行业的影响

共享经济的兴起对传统行业如出租车和酒店业产生了冲击。这些行业为了适应新的竞争环境，需要通过创新服务和提高效率来保持竞争力。

3. 平台经济的崛起

（1）平台经济的特征

平台经济通过提供平台服务聚集大量用户，然后通过广告等方式实现盈利。

这种模式改变了传统的价值创造和分配方式，使得平台运营商能够从用户数据中获取巨大价值。

（2）平台经济对传统媒体和广告业的影响

平台经济的崛起对传统媒体和广告业产生了重大影响。传统媒体面临着广告收入下降的挑战，而广告商则需要适应数字广告的新形式和策略。

（三）优化资源配置

1. 企业资源配置的优化

（1）大数据在供应链管理中的应用

大数据技术可以帮助企业更精确地预测市场需求，优化库存管理。例如，通过分析历史销售数据和市场趋势，企业可以合理安排生产和库存，减少过剩或缺货的风险。

（2）人工智能在生产调度中的作用

人工智能技术可以优化生产调度，提高资源利用效率。例如，AI 算法可以分析生产线的运行数据，自动调整生产计划，确保生产资源的合理分配。

2. 政府资源配置的优化

（1）数字技术在城市规划中的应用

数字技术如 GIS（地理信息系统）可以帮助政府进行城市规划，优化公共资源分配。例如，政府通过分析交通流量数据，可以设计更高效的交通网络，减少拥堵和污染。

（2）大数据在公共政策制定中的作用

大数据分析可以帮助政府更好地理解社会需求，制定更有效的公共政策。例如，政府通过分析医疗数据，可以优化医疗资源分配，提高医疗服务质量。

二、数字化对产业结构的改变

（一）产业融合

1. 信息技术与制造业的融合

（1）智能制造的兴起

智能制造是信息技术与制造业融合的产物，它通过集成自动化技术、物联网、大数据分析和人工智能，实现了生产过程的智能化。例如，智能工厂能够实时监控生产设备的状态，自动调整生产参数，提高生产效率和产品质量。

（2）智能制造对传统制造业的影响

智能制造不仅提高了生产效率，还改变了制造业的组织和管理方式。企业可以通过智能制造系统实现远程监控和管理，减少了对物理工厂的依赖，提高了生产的灵活性和响应速度。

2. 信息技术与服务业的融合

（1）数字服务的创新

信息技术与服务业的融合催生了数字服务，如在线教育、远程医疗、数字娱乐等。这些服务通过互联网技术，为用户提供了便捷、个性化的体验。例如，在线教育平台可以让学生随时随地学习，远程医疗则可以让患者在家中接受专业医疗服务。

（2）数字服务对传统服务业的影响

数字服务的兴起对传统服务业产生了深远的影响。传统服务提供商不得不适应数字化趋势，通过技术创新来提升服务质量和效率。例如，传统的零售银行正在转型为数字银行，提供在线银行服务和移动支付解决方案。

（二）新兴产业的崛起

1. 电子商务的发展

（1）电子商务平台的多样化

电子商务平台可以提供多样化的商品和服务，满足不同消费者的需求。这些平台通过大数据分析和个性化推荐，提高了用户的购物体验。

（2）电子商务对全球贸易的影响

电子商务的发展促进了全球贸易的便捷化和多样化。小型企业和个体商户可以通过电子商务平台进入国际市场，扩大贸易的范围和规模。

2. 云计算服务的普及

（1）云计算服务的优势

云计算服务可以提供灵活、可扩展的计算资源，帮助企业降低 IT 成本，提高运营效率。企业可以根据需求快速扩展或缩减计算资源，无需投资昂贵的硬件设备。

（2）云计算对传统 IT 服务的影响

云计算服务的普及对传统的 IT 服务模式产生了冲击。传统的 IT 服务提供商不得不转型，提供基于云的服务，以满足客户的需求。

3. 大数据分析的应用

（1）大数据分析的价值

大数据分析帮助企业从海量数据中提取有价值的信息，优化决策过程。例如，零售企业可以通过分析消费者行为数据，预测市场趋势，制定有效的营销策略。

（2）大数据分析对数据驱动型企业的推动作用

大数据分析推动了数据驱动型企业的发展，这些企业通过数据分析来优化产品和服务，提高竞争力。例如，视频播放平台通过分析用户观看数据，推荐个性化的内容，提高了用户粘性。

4. 人工智能应用的拓展

（1）人工智能在各行业的应用

人工智能技术如机器学习、自然语言处理等，正在被广泛应用于金融、医疗、教育等行业。例如，在金融领域，AI 可以用于风险评估和欺诈检测，提高金融安全性。

（2）人工智能对劳动力市场的影响

人工智能的应用对劳动力市场产生了双重影响。一方面，AI 可以从事一些高重复度和低技能的工作，提高生产效率；另一方面，它也创造了新的工作岗位，如数据分析师和机器学习工程师。

（三）传统产业的转型升级

1. 传统零售业的转型

传统零售业通过引入电子商务平台和移动支付技术，实现了线上线下融合的新零售模式，为消费者提供无缝购物体验。

新零售模式改变了消费者的购物习惯，它可以提供更加便捷和个性化的购物体验。消费者可以通过手机应用随时随地浏览和购买商品，享受快速配送和个性化推荐服务。

2. 传统制造业的升级

（1）智能制造技术的应用

传统制造业通过引入智能制造技术，如机器人、3D 打印和工业物联网，实现了生产过程的自动化和智能化。这些技术不仅提高了生产效率，还降低了成本和资源消耗。

（2）智能制造对供应链管理的影响

智能制造技术改变了供应链管理的方式。企业可以通过实时数据监控和分析，优化库存管理和物流配送，提高供应链的响应速度和灵活性。

第三节　数字经济的产业变革与发展趋势

一、数字技术主导的产业升级

在数字经济发展的背景下，技术进步和创新成为推动产业升级的核心动力。数字技术创新带动的数字产业成为拉动经济增长的主导力量。各国将信息通信技术置于优先发展的关键领域，例如，美国将人工智能、量子信息科学、5G、先进制造等定义为国家的“未来产业”，日本注重开发人工智能、物联网、大数据、机器人、3D 打印技术，中国则将人工智能、量子信息、集成电路、生命健康等设为重点产业。数字产业化是新兴产业，也是产业数字化的基础和支撑，对经济发展至关重要。

二、融合式发展

随着经济一体化和产业规模扩张，产业分工从水平分工到垂直分工再到产业链分工，产业融合也是产业演进的重要裂变过程。数字技术的发展加速了产业融合的进程。融合式发展包括产业融合、产品融合和市场融合。产业融合涵盖数字产业与传统产业融合、第一产业与第二、三产业融合、制造业与服务业的融合等，引发了产业发展基础、产业关联、产业结构和组织形态等方面的变化。产品融合是产业数字化转型的最直接体现，推动了新业态、新模式、新产品、新服务的诞生。市场融合通过数字技术使原本不同行业面对同一市场，改变了传统企业之间的竞争关系，企业间形成了“竞合共生”的产业生态。

三、数据平台企业的地位日益重要

数据平台是处理大数据的技术组织形式，连接生产厂家、服务商家、消费者，是生产交换关系的枢纽，对经济、产业和消费者产生深远影响。平台企业具有网络效应，价值增长遵循“梅特卡夫定律”，即价值随着客户的增长呈现指数式增长。平台企业的发展对全球经济格局具有重要影响，是数字经济发展的关键动力。全球主要平台企业的崛起改变了传统产业格局，推动了经济的进一步发展。

四、绿色化发展成为前置性的约束条件

环境问题的日益严重已成为全球关注的焦点。全球极端天气事件频发，如持续高温、洪涝、干旱等，给人类社会和生态系统造成了严重影响。

绿色化发展已成为全球共识，各国政府纷纷提出节能减排的目标，并采取了一系列措施，以应对日益严峻的环境问题。这些措施不仅是为了减缓气候变化的影响，更是为了推动数字经济向绿色化方向发展。

数字经济的发展必须遵循绿色发展理念。传统经济发展模式下，资源消耗大，排放量高。而绿色发展理念强调资源的有效利用和环境的保护，要求数字经济在发展过程中要最大限度地减少对环境的负面影响。因此，数字经济的发展必须与环境保护相结合，实现经济增长与环境可持续发展的平衡。

在实现绿色化发展的过程中，各国需要加强合作，共同应对气候变化等环境问题。同时，政府部门、企业和社会各界也需要共同努力，制定更加严格的环保政策和措施，推动数字经济向绿色化方向转变。只有这样，才能实现经济的可持续发展，保护地球家园的生态环境。

第四节　数字经济案例研究

一、海尔的数字化转型

（一）质量管理时期：海尔初创阶段（1984—1991年）

海尔在初创阶段将冰箱作为主打产品。这个时期的海尔面临着公司内部混乱、纪律涣散和人员素质低下等问题。为应对这些挑战，海尔从员工行为入手，建立了与全面质量管理相适应的“直线职能型”组织管理形式。通过强大的产品质量和细致的售后服务，海尔赢得了消费者的认可，从濒临破产的集体工厂蜕变为中国著名品牌。

（二）客户管理时期：海尔高速发展阶段（1992—2014年）

在高速发展阶段，海尔实行了多元化和国际化战略。从1992年开始，海尔施行相关多元化战略，为用户提供一整套家电解决方案，取得了巨大成功。然而，在1995年后，海尔在相关多元化战略未完成时，开始进行非相关多元化战略，战略最终失败。海尔逐步意识到直线制组织形态在多元化经营战略下的迟钝弊端，因此实行了全集团统一营销、采购、结算的模式，形成横向网络化同步的业务流程组织形态，最终实现了企业内外部网络相连的目标。

（三）"去权力机构化"的小微模式：互联网阶段（2014年至今）

在互联网时代，消费者对商品的价值需求发生了根本性变化，海尔开始推动自主经营体向孵化创业的"小微"企业转型。通过互联网思维，海尔实现了企业和用户直接连接，将生产线调整为适应大规模定制。海尔将市场压力和战略目标通过数字技术分散到每个员工个体，促成员工涌现创造力，实现了企业的"去权力机构化"，将每个员工与市场和战略直接绑定，实现两者相互促进发展。

海尔通过数字化转型，从质量管理时期到互联网时代，不断创新，适应市场变化，实现了从传统制造企业到共创共赢的物联网社群生态的转变。在数字经济时代，海尔不断演进，不断探索，展示了一个企业在不同阶段应对挑战，实现转型升级的过程。

二、亚马逊：数字经济的领军企业

（一）强势扩张时期：亚马逊数字化起步阶段（1995—2000年）

亚马逊在起步阶段选择了图书作为其主要销售产品，利用图书小巧、便捷、低价的特点，迅速建立了自己的市场地位。公司创始人贝索斯将亚马逊定位为"地球上最大的书店"，并采用低价策略，快速获取市场份额和发展，从而在激烈的市场竞争中逐渐确立了领先地位。

（二）综合化时期：亚马逊数字化深入阶段（2001—2009年）

在这个时期，亚马逊开始建立全球物流中心，提高了物流的效率和成本的降低。同时，亚马逊逐渐扩大了其业务范围，建立了硬件实验室，孵化出众多智能硬件产品，并将硬件作为公司其他服务的整合载体。亚马逊还大规模推广第三方开放平台、AWS云服务、Prime服务等，逐渐成为一家综合服务提供商。

（三）云计算开发时期：亚马逊数字化新阶段（2010 年至今）

进入云计算开发时期，亚马逊推出了自助数字出版平台和其他新业务，进一步拓展了业务范围。公司管理结构逐渐扁平化，建立了“小组制”组织结构，提高了工作效率和员工管理的便利性。在全球化进程中，亚马逊的经营取向逐渐从“欧美中心”转向“全球中心”，以适应不断变化的市场环境和业务发展需求。同时，亚马逊格外关注企业用户粘性，通过投入大量资源来提高消费者粘性，并不断提高市场占有率，以保持其在数字经济领域的领先地位。

三、案例启示

（一）数字化转型的重要性

数字化转型不仅是技术的更新换代，更是企业战略的重新定位和管理模式的创新。企业通过数字化转型，可以更好地适应市场变化，提高运营效率，拓展市场空间，实现持续发展。

1. 数字化转型使企业更加敏捷和灵活

传统企业往往面临冗长的决策链条和繁琐的流程，难以及时应对市场变化。而企业通过数字化转型，可以实现信息的实时共享和快速传递，使决策更加迅速和准确。海尔在数字化转型过程中，建立了与全面质量管理相适应的“直线职能型”组织管理形式，从而提高了管理效率，应对了公司内部混乱、纪律涣散和人员素质低下等问题。

2. 数字化转型提升了企业的产品质量和服务水平

企业通过数字化技术，可以实现生产过程的数字化监控和管理，从而提高产品的质量稳定性和一致性。同时，数字化转型还可以实现企业对客户需求的精准洞察和个性化定制，提高用户体验和满意度。亚马逊通过不断创新和优化，提高了产品的质量和服务的水平，赢得了消费者的认可和支持。

3. 数字化转型拓展了企业的市场空间和盈利模式

传统企业往往受限于地域和渠道，难以拓展业务。企业通过数字化转型，可以突破地域限制，实现全球市场的开拓。亚马逊通过全球化战略和多元化经营，迅速占领了市场份额，实现了跨越式的发展。海尔则通过互联网思维，实现了企业和用户的直接连接，拓展了市场空间，实现了企业的转型升级。

（二）顺应市场需求

海尔和亚马逊之所以能够取得成功，关键在于他们始终紧跟市场需求的变化，灵活调整经营策略和组织结构。

海尔在发展过程中不断调整多元化战略，逐步完善业务布局，使企业能够在竞争中保持领先地位。早期，海尔将冰箱作为主打产品，通过强大的产品质量和细致的售后服务赢得了消费者的认可。在互联网时代，海尔开始推动自主经营体向孵化创业的“小微”企业转型，通过互联网思维，实现了企业和用户直接连接的经营模式。

亚马逊则通过全球化战略，快速占领市场份额，实现了跨越式的发展。在数字化深入阶段，亚马逊建立全球物流中心，同时逐步扩大业务范围，建立硬件实验室，孵化出众多智能硬件产品，最终成为一家综合服务提供商。在云计算开发时期，亚马逊推出了自助数字出版平台和其他新业务，进一步拓展了业务范围。在全球化进程中，亚马逊的经营取向从“欧美中心”逐渐转向“全球中心”，以适应不断变化的市场环境和业务发展需求。

（三）创新驱动发展

海尔在面对市场变化时，通过“去权力机构化”的小微模式，实现了企业内外部网络的相互连接，有效提升了员工创造力和企业内部管理效率。亚马逊则通过云计算和硬件实验室等创新举措，不断拓宽业务范围，保持了在数字经济领域的领先地位。亚马逊的创新主要体现在技术上的不断突破和业务模式的不断创新，通过建立自助数字出版平台和其他新业务，提高了用户体验和服务质量，成为一家综合服务提供商。

第三章 电子商务发展的现状与趋势

第一节 电子商务的发展历程

一、电子商务的定义

电子商务是指通过电子数据交换、电子邮件、电子公告板、电子资金转账、互联网、无线应用协议等电子方式进行的商业交易活动。它包括了商品和服务的买卖、在线支付、电子数据交换、供应链管理、电子交易市场、网络营销、在线事务处理、电子数据存储和交换等各种商业活动。

电子商务的定义可以从以下四个角度阐述。

（一）从技术角度来看

电子商务是基于互联网和其他电子网络技术进行的商业活动，涉及计算机硬件、软件、网络基础设施以及遵循的通信协议。计算机硬件为电子商务提供了物理基础，包括服务器、个人电脑、移动设备等。软件则提供了操作系统和应用软件，如电子商务平台、支付系统、安全系统等。网络基础设施是连接这些硬件和软件的桥梁，包括互联网、内联网、外联网等。通信协议则是确保数据在网络中安全、准确传输的规则，如 TCP/IP、HTTP、HTTPS 等。

电子商务的技术层面还包括了数据交换的标准化，如电子数据交换，它使得不同企业之间的信息能够以标准格式进行交换，提高了交易效率。此外，随着云计算、大数据、人工智能等技术的发展，电子商务正在变得更加智能化、个性化和自动化。

（二）从商业角度来看

电子商务是指通过电子手段进行的商业交易。这包括了信息交换，如产品信息的发布、市场调研数据的收集等；售前售后服务，如在线咨询、产品定制、售后支持等；销售，如在线购物、电子拍卖等；电子支付，如信用卡支付、电子钱包、移动支付等；运输管理，如物流跟踪、库存管理等；以及虚拟企业的组建，如通过网络平台将多个独立的中小企业联合起来，提供更广泛的产品和服务。

电子商务的商业层面还包括了市场营销策略的变革。网络营销通过搜索引擎优化、社交媒体营销、内容营销等方式，使得企业能够更精准地触达目标客户。同时，电子商务也促进了供应链管理的优化，通过实时数据分析和预测，提高了供应链的响应速度和效率。

（三）从涵盖范围来看

电子商务的涵盖范围非常广泛，它不仅包括了企业与企业之间的交易（B2B），如原材料供应商与制造商之间的交易，企业与消费者之间的交易（B2C），如零售商通过网站向消费者销售商品，还包括消费者与消费者之间的交易（C2C），如在线拍卖网站上的个人交易，以及政府与企业或消费者之间的交易（G2B 或 G2C），如政府采购、电子政务服务等。

电子商务的多样性还体现在其跨行业、跨地域的特点上。无论是传统行业还是新兴行业，无论是本地市场还是国际市场，电子商务都提供了新的商业模式和增长机会。

（四）从业务流程来看

电子商务涵盖了从市场调研、产品开发、营销推广、订单处理、支付结算、物流配送、售后服务等整个商业活动的各个环节。市场调研通过网络平台可以更快地收集和分析消费者数据，产品开发可以利用众包、用户反馈等方式进行创新。营销推广通过网络广告、社交媒体、内容营销等手段实现。订单处理和支付结算通过电子商务平台自动化进行，提高了效率和准确性。物流配送通过电子化的物流管理系统实现实时跟踪和管理。售后服务通过在线客服、自助服务等方式提供更好的用户体验。

电子商务的业务流程优化还包括了客户关系管理（CRM）、供应链管理（SCM）、企业资源规划（ERP）等系统的整合，这些系统通过数据共享和流程自动化，提高了企业的运营效率和客户满意度。

二、电子商务的发展脉络

电子商务的发展脉络可以分为四个阶段，每个阶段都标志着技术进步和商业模式的创新。

第一阶段：电子邮件阶段

电子商务的最初阶段可以追溯到20世纪70年代，当时电子邮件的出现为商业交流提供了新的途径。在这个阶段，企业开始利用电子邮件进行日常的沟通和文件传输，极大地提高了工作效率。随着网络技术的进步，电子邮件的使用逐渐普及，成为企业间不可或缺的通讯工具。这个阶段的电子邮件主要用于内部管理和简单的客户沟通，虽然为电子商务奠定了基础，但尚未形成完整的商业交易模式。

第二阶段：信息发布阶段

从1995年起，随着万维网（Web）的兴起，电子商务进入了第二个阶段。Web技术使得信息发布变得更加便捷和广泛，企业可以通过网站向全球范围内的用户展示产品和服务。这个阶段的信息发布系统爆炸式地成长，成为互联网的主要应用。企业通过建立网站，提供在线产品目录、公司信息、客户服务等功能，营销方式实现了从“粗放型”到“精准型”的转变。用户可以通过搜索引擎找到所需的产品信息，并进行在线咨询和购买，电子商务开始逐步融入人们的日常生活。

第三阶段：电子商务（EC）阶段

随着网络技术的发展和用户习惯的形成，网购逐渐成为主流的购物方式。企业通过建立电子商务平台，实现了线上销售、在线支付、订单管理等功能，为消费者提供了更加便捷的购物体验。同时，电子商务也促进了供应链管理的优化，企业通过实时数据分析和预测，提高了供应链的响应速度和效率。在这个阶段，电子商务不仅改变了企业的销售模式，还推动了金融、物流、广告等相关行业的变革。

第四阶段：全程电子商务阶段

随着SaaS（软件即服务）软件服务模式的出现，电子商务进入了全程电子商务阶段。SaaS模式允许用户通过互联网访问和使用软件，为企业提供了更加灵活和低成本的解决方案。全程电子商务模式不仅包括线上销售和营销，还涵盖了市场调研、产品开发、生产制造、销售管理、客户服务和数据分析等整个商业流程。企业通过全程电子商务可以实现更加高效和协同的工作方式，提高竞争力。

总的来说，电子商务的发展脉络是从简单的电子邮件通信，到信息发布和电子商务平台的建立，再到全程电子商务的实现，每个阶段都标志着技术进步和商业模式创新。随着移动互联网、大数据、人工智能等技术的发展，电子商务将继续扩展其边界，为全球经济带来新的增长动力。

第二节　电子商务的业态与模式

一、不同类型的电子商务业态

（一）B2B 电子商务

B2B（Business-to-Business）电子商务是指企业与企业之间通过互联网进行的商业交易活动。这种模式通常涉及原材料、半成品、成品以及服务的大宗交易。B2B 电子商务平台为企业提供了一个在线交易市场，使得供应商和采购商能够跨越地理限制，进行高效的沟通和交易。

B2B 电子商务的特点在于其交易规模大、交易频率高、交易复杂度高。企业通过 B2B 平台可以实现供应链的优化，降低采购成本，提高采购效率。同时，B2B 平台还提供了数据分析、市场研究、金融服务等增值服务，帮助企业更好地理解市场动态，制定战略决策。

B2B 电子商务的发展趋势是向着更加智能化、集成化的方向发展。随着人工智能、大数据、云计算等技术的应用，B2B 平台能够提供更加精准的匹配服务，实现供需双方的快速对接。此外，B2B 电子商务也在探索区块链技术在供应链管理中的应用，以提高交易的透明度和安全性。

（二）B2C 电子商务

B2C（Business-to-Consumer）电子商务是指企业直接向消费者销售产品或服务的模式。在这种模式下，在消费者可以通过电子商务平台浏览和购买各种商品。B2C 电子商务的特点在于其便捷性、多样性和个性化服务。

B2C 电子商务平台通常提供丰富的商品种类，满足不同消费者的需求。同时，平台还提供便捷的搜索、比较、支付和物流服务，使得消费者能够轻松完成购物。此外，B2C 电子商务还注重用户体验，通过个性化推荐、会员服务、售后服务等手段，提高消费者的满意度和忠诚度。

B2C 电子商务的发展趋势是向着更加个性化、社交化和移动化的方向发展。随着消费者需求的多样化，B2C 平台需要不断创新，提供更加定制化的商品和服务。同时，社交媒体的兴起也为 B2C 电子商务提供了新的营销渠道，企业可以通过社交网络与消费者建立更紧密的联系。移动设备的普及也推动了移动购物的发展，消费者可以随时随地通过手机进行购物。

（三）C2C 电子商务

C2C（Consumer-to-Consumer）电子商务是指消费者之间通过电子商务平台进行的商品交易。这种模式下，平台提供了一个交易市场，消费者可以在平台上发布商品信息，与其他消费者进行交易。C2C 电子商务的特点在于其灵活性、多样性和低成本。

C2C 电子商务平台通常提供一个开放的市场环境，任何人都可以成为卖家，发布自己的商品。这种模式降低了进入门槛，使得更多的人可以参与到电子商务中来。同时，C2C 平台还提供了评价系统、支付保障等服务，保障交易的安全性和公平性。

C2C 电子商务的发展趋势是向着更加规范化、专业化的方向发展。随着市场竞争的加剧，C2C 平台需要加强对卖家的管理和监督，提高商品质量和服务水平。同时，C2C 电子商务也在探索新的盈利模式，如通过广告、增值服务等方式增加收入。

（四）O2O 电子商务

O2O（Online-to-Offline）电子商务是指通过线上平台吸引消费者，引导他们到线下实体店进行消费的商业模式。在这种模式下，平台如美团、大众点评等提供了一个线上信息平台，消费者可以在平台上查找商家信息、获取优惠券、预约服务等，然后到线下实体店消费。

O2O 电子商务的特点在于其线上线下结合的优势。通过线上平台，商家可以扩大宣传范围，吸引更多的潜在客户。同时，线上平台还可以提供数据分析服务，帮助商家了解消费者行为，优化营销策略。对于消费者而言，O2O 模式提供了更加便捷的购物体验，他们可以在线下体验商品或服务，同时享受线上优惠。

O2O 电子商务的发展趋势是向着更加智能化、一体化的方向发展。随着技术的进步和消费者习惯的变化，O2O 平台需要不断创新，提供更加智能化的服务，如基于位置的服务、个性化推荐等。同时，O2O 电子商务也在探索线上线下融合的新模式，如无人零售、智能体验店等，以提供更加便捷的购物体验。

二、新兴电子商务模式的探讨

（一）社交电商

1. 社交电商的定义

社交电商是利用社交平台进行销售和推广的电商模式。它融合了传统电商和社交网络的特点，通过社交化的方式吸引用户，提升用户粘性，实现商品的推广和销售。社交电商的出现，标志着电商模式的进一步演进。电商不再局限于传统的网上购物模式，而是更加强调用户间的互动和社交性。在社交电商中，用户可以通过社交平台浏览商品、了解产品信息，甚至可以直接在社交平台上完成购买行为。同时，社交电商也给商家带来了更多的营销机会，他们可以通过社交平台建立品牌形象、推广产品，与用户建立更加紧密的关系，提升用户忠诚度。

2. 社交电商的特点

（1）社交化推广

与传统的广告推广不同，社交电商利用社交媒体平台的用户基础和社交关系链，实现商品信息的快速传播。在这个过程中，用户既是消费者，也是推广者。他们通过分享、评论、点赞等社交行为，将商品信息传递给自己的社交网络中的其他人。

这种基于社交关系的推广方式具有很高的可信度和影响力。用户更愿意相信来自朋友的推荐，而不是传统的广告。此外，社交电商还可以利用大数据分析用户行为，实现精准营销，提高推广效果。

社交化推广还体现在社交电商平台的互动性上。平台通常提供各种互动功能，如直播、短视频、社群讨论等，使用户在购物过程中能够更好地了解商品，与商家进行实时沟通。这种互动性不仅提高了用户体验，也增加了用户的参与度和购买转化率。

（2）用户黏性高

由于社交电商融合了社交元素，用户在购物过程中不仅可以购买商品，还可以与朋友互动、分享购物心得，这种社交属性使得用户更愿意长时间留在平台上。此外，社交电商还通过各种手段增加用户黏性。例如，平台提供积分、优惠券、等级制度等激励措施，鼓励用户进行购物、分享和互动。这些激励措施不仅能够吸引用户留在平台，还能够提高用户的购买频率和满意度。

（3）内容驱动销售

与传统的营销方式不同，社交电商更注重内容的真实性和个性化。用户通过分享自己的购物心得、产品使用体验等内容，帮助其他用户了解和选择商品。这种基于用户生成内容（UGC）的营销方式，具有很高的可信度和影响力。

社交电商平台也鼓励用户创造和分享内容。例如，平台提供内容创作工具、内容推荐机制等支持，帮助用户轻松创建和分享内容。同时，平台还可以举办各种内容创作活动，如短视频大赛、征文活动等，激发用户的创作热情。

内容驱动销售还体现在社交电商平台的算法推荐上。平台通过分析用户的行为数据，如浏览历史、购买记录、兴趣爱好等，向用户推荐他们可能感兴趣的商品和内容。这种个性化推荐能够提高用户的购物体验和购买转化率。

3. 社交电商的发展现状

（1）微信小程序

微信小程序作为社交电商的重要平台，其便捷性和低门槛吸引了大量品牌和商家入驻。微信小程序无需下载安装，用户可以直接在微信内部使用，这种“用完即走”的特性极大地方便了用户，也降低了商家的推广成本。商家可以通过小程序展示商品、提供服务、进行交易，同时利用微信的社交网络进行商品推广。

微信小程序的社交电商模式通常包括以下几个方面：首先，商家通过小程序提供丰富的商品信息和便捷的购物流程，提高用户体验；其次，商家利用微信的社交功能，如朋友圈、微信群等，进行商品推广；再次，商家通过微信支付实现快速交易，提高转化率；最后，商家还可以通过小程序收集用户数据，进行精准营销。

微信小程序的社交电商模式还体现在其强大的生态系统上。微信不仅提供了小程序平台，还提供了微信公众号、企业微信等多种工具，帮助商家构建完整的社交电商生态。此外，微信还提供了丰富的 API（应用程序编程接口），允许商家开发个性化的功能，满足不同用户的需求。

（2）抖音电商

抖音作为一款短视频社交平台，其电商功能也迅速崛起。抖音电商通过短视频的形式，让用户在观看有趣内容的同时，了解和购买商品。这种模式充分利用了抖音平台的流量优势和用户粘性，实现了内容与电商的有机结合。

抖音电商的特点主要体现在以下几个方面：首先，抖音电商通过短视频展示商品，利用视频的直观性和趣味性吸引用户；其次，抖音电商利用平台的算法推荐机制，将商品推荐给感兴趣的用户；再次，抖音电商通过直播带货等形式，增加用户的参与感和购买欲望；最后，抖音电商还提供了便捷的支付和物流服务，提高用户的购物体验。

抖音电商的发展还受益于其强大的内容生态。抖音平台上有大量的内容创作者，他们通过创作高质量的短视频，吸引用户关注，同时也为电商提供了丰富的内容资源。此外，抖音还通过举办各种活动和挑战，激发用户的创作热情，进一步丰富了平台的内容生态。

（3）社交直播

社交直播是社交电商的另一个重要分支，它结合了直播和社交的特点，为用户提供了一种全新的购物体验。在社交直播中，主播通过直播的形式展示商品，与用户进行实时互动，用户可以在直播间中提问、评论、购买商品，这种互动性和趣味性极大地提高了用户的参与度和购买转化率。

社交直播的特点主要体现在以下几个方面：首先，社交直播通过主播的个人魅力和专业知识，吸引用户关注；其次，社交直播通过实时互动，增加用户的参与感和信任感；再次，社交直播通过限时抢购、优惠券发放等促销手段，刺激用户的购买欲望；最后，社交直播还提供了便捷的支付和物流服务，提高用户的购物体验。

社交直播的发展还得益于其强大的社交网络。直播平台通常具有强大的社交功能，如关注、点赞、分享等，用户可以通过这些社交行为，将直播内容和商品信息传播给自己的社交网络，实现裂变式传播。此外，直播平台还可以通过举办各种活动和挑战，激发用户的参与热情，进一步扩大社交直播的影响力。

4. 社交电商的优势与挑战

（1）优势

一是提升用户体验。社交电商通过整合社交网络和电子商务，为用户提供更加个性化和互动性强的购物体验。用户可以在社交平台上直接浏览商品信息，通过社交互动获取商品推荐，这种基于社交关系的推荐往往更加符合用户的实际需求。此外，社交电商还提供了丰富的互动功能，如直播、短视频、社群讨论等，使用户在购物过程中能够更好地了解商品，与商家进行实时沟通，从而提升用户体验。

二是增加销售渠道。社交电商打破了传统电商平台的局限，为商家提供了新的销售渠道。商家可以通过社交平台直接接触到潜在客户，利用社交网络的传播效应，快速扩大品牌影响力。同时，社交电商还允许商家通过多种形式展示商品，如图文、视频、直播等，满足不同用户的购物习惯。这种多元化的销售渠道有助于商家拓展市场，提高销售额。

三是提高用户黏性。社交电商的社交属性使得用户在购物过程中不仅可以购买商品，还可以与朋友互动、分享购物心得，这种社交属性使得用户更愿意长时间留在平台上。此外，社交电商还通过各种手段增加用户黏性，如提供积分、优惠券、等级制度等激励措施，鼓励用户进行购物、分享和互动。这些激励措施不仅能够吸引用户留在平台，还能够提高用户的购买频率和满意度。

四是降低营销成本。社交电商利用社交网络的传播效应，可以有效降低营销成本。商家无须投入大量广告费用，只需通过社交平台发布商品信息，利用用户的社交互动，即可实现商品信息的快速传播。此外，社交电商还允许商家通过精准营销，将商品推荐给最有可能感兴趣的用户，提高营销效率。这种基于社交网络的营销模式，不仅成本较低，而且效果显著。

（2）挑战

一是激烈的竞争。随着社交电商的快速发展，市场竞争也日益激烈。越来越多的商家和品牌加入社交电商平台，争夺用户关注和市场份额。在这种竞争环境下，商家需要不断创新营销策略，提高商品质量和服务水平，才能在竞争中脱颖而出。

二是内容质量要求高。用户在社交平台上浏览商品信息时，往往更倾向于选择那些内容丰富、真实可信的商品。因此，商家需要投入大量资源，制作高质量的商品展示内容，如精美的图片、吸引人的视频、专业的直播等。同时，商家还需要确保内容的真实性和合规性，避免误导用户。

三是用户隐私保护。社交电商在收集和使用用户数据时，需要严格遵守相关法律法规，保护用户隐私。随着用户对个人隐私保护意识的增强，商家在利用用户数据进行精准营销时，必须确保数据的合法获取和安全使用。此外，商家还需要建立健全的用户隐私保护机制，如明确告知用户数据使用目的并提供数据访问和删除的途径等，以增强用户的信任感。

（二）农村电商

1. 农村电商的定义

农村电商作为一种新兴的电子商务模式，其核心在于利用互联网技术和现代物流体系，打破传统地域限制，为农村居民提供便捷的购物渠道。这一模式的出现，不仅极大地丰富了农村市场的商品种类，也促进了城乡商品流通的均衡发展。农村电商通过构建线上交易平台，整合供应链资源，使得农村居民能够轻松买到城市中的各类商品，包括日常生活用品、农业生产资料、家电数码产品等。同时，农村电商还推动了农村地区的信息化进程，提高了农村居民的生活质量，促进了农村经济的发展。

农村电商的发展不仅仅是商品流通方式的变革，更是农村社会经济结构调整的重要推动力。它通过提供多样化的商品选择，满足了农村居民日益增长的物质文化需求，同时也为农村创业者提供了新的发展机遇。农村电商平台的建设为农村居民提供了展示和销售本地特色产品的窗口，有助于提升农村产品的市场竞争力，拓宽销售渠道，增加农民收入。此外，农村电商的发展还带动了农村物流、仓储、包装等相关产业的兴起，为农村就业创造了新的增长点。

2. 农村电商的特点

（1）服务农村居民

农村电商的核心目标群体是农村居民，这一群体由于地理位置偏远、交通不便等因素，长期以来在商品获取上存在较大困难。农村电商的出现，极大地改善了这一状况，它通过互联网平台，将城市的商品资源引入农村，使得农村居民能够轻松购买到日常生活所需的各种商品。这种服务模式的创新，不仅满足了农村居民的基本生活需求，也提升了他们的生活质量。同时，农村电商还通过提供农业生产资料、农机具等商品，支持农村的农业生产活动，促进农业现代化进程。

（2）商品多样性

在传统模式下，农村市场的商品种类有限，且更新换代缓慢。而通过农村电商平台，农村居民可以接触到来自全国各地乃至全球的商品，包括食品、服装、家电、数码产品、农业生产资料等。这种商品多样性的提升，不仅丰富了农村居民的物质生活，也拓宽了他们的视野，促进了农村消费结构的升级。此外，农村电商还为农村特色产品提供了展示和销售的平台，有助于推广地方特色，增加农民收入。

（3）便捷快速

农村电商通过构建高效的物流网络，实现了商品从城市到农村的快速配送。在传统模式下，农村居民购买商品往往需要长途跋涉到县城或更大的城市，耗时耗力。而农村电商通过整合物流资源，优化配送路线，大大缩短了商品配送时间，提高了购物的便捷性。这种便捷快速的购物体验，极大地提升了农村居民的满意度，也促进了农村电商的快速发展。同时，农村电商还在不断探索更加高效的物流解决方案，如建立农村电商物流配送中心、利用无人机配送等，以进一步提升物流效率。

3. 农村电商的发展现状

（1）农村淘宝

农村淘宝通过建立县级运营中心和村级服务站点，将电商服务延伸到了农村的每一个角落。这一平台不仅为农村居民提供了便捷的商品购买渠道，还通过培训农村青年成为村淘合伙人，帮助他们创业，促进了农村就业。农村淘宝的商品种类丰富，涵盖了日常生活用品、农业生产资料、家电数码等多个领域，满足了农村居民多样化的购物需求。此外，农村淘宝还通过大数据分析，精准推送商品信息，提升了购物体验。然而，农村淘宝的发展也面临着物流成本高、农村居民互联网使用能力有限等挑战，需要不断优化服务模式，提高服务质量。

（2）京东农村服务站

京东在农村建设的一系列服务站点。这些服务站点不仅作为商品展示和销售的窗口，还提供了包括商品配送、售后服务、技术支持等一站式服务。京东农村服务站的建设极大地提升了农村居民的购物体验，使得他们能够享受到与城市居民同等质量的电商服务。同时，京东还通过与地方政府合作，推动农村电商物流体系的建设，提高了商品配送的效率和覆盖范围。

三、电子商务的特点

（一）市场全球化

1. 空间限制的打破

互联网的开放互联性，如同一条无形的纽带，将世界各地紧密相连。这种连接打破了传统的空间限制，为商务活动的开展提供了一个多维度、开放、全方位的市场环境。在这个环境中，企业不再受地理位置的束缚，可以轻松触及全球的消费者，实现市场的全球化。

2. 全球业务的顺利开展

在全球化的市场环境中，交易双方可以顺利开展全球业务。企业可以通过互联网平台，将产品和服务推向世界各地。这种全球业务的顺利开展，不仅扩大了企业的市场范围，也丰富了消费者的选择，促进了全球经济的繁荣发展。

（二）交易虚拟化

1. 电子化的交易方式

电子商务依托计算机信息通讯系统，是以电子化的方式开展的交易活动。在这种交易方式中，交易双方从开始接洽商谈、签订合同、订购商品或服务、支付相关费用等整个交易过程均是在虚拟化的网络空间完成。这种虚拟化的交易方式，不仅提高了交易的效率，也降低了交易的成本。

2. 虚拟化网络空间的优势

虚拟化网络空间的优势在于其便捷性和高效性。在虚拟化的网络空间中，交易双方可以随时随地进行交易，不受时间和地点的限制。同时，虚拟化网络空间还可以提供丰富的交易信息和工具，帮助交易双方更好地完成交易。

（三）营销全天候

1. 全年无休的营业模式

企业通过网络信息系统，可以全年每天 24 个小时连续营业。这种全年无休的营业模式，使得客户可以随时搜索、采购所需信息或服务等。这种全天候的营销模式，不仅满足了客户随时购物的需求，也提高了企业的市场竞争力。

2. 客户体验的提升

全天候的营销模式提升了客户的购物体验。客户不再受营业时间的限制，可以根据自己的时间安排进行购物。同时，全天候的营销模式还可以提供更加及时的客服服务，满足客户的即时需求。

（四）成本降低

1. 企业成本的降低

（1）准备成本的减少

对于企业而言，电子商务的运用可有效减少准备成本。企业通过电子商务平台可以快速建立在线商店，减少实体店面的租赁和装修成本。同时，电子商务还可以减少库存成本，企业通过实时数据分析，可以更准确地预测市场需求，减少库存积压。

（2）信用及资金周转成本的降低

电子商务还可以降低企业的信用成本及资金周转成本。企业企业通过电子支付系统可以快速完成交易，减少资金占用时间。同时，电子支付系统还可以提供信用评估服务，帮助企业降低信用风险。

2. 客户成本的降低

（1）信息搜集成本的降低

对于客户来说，电子商务的运用可以降低信息搜集的时间成本。客户可以通过电子商务平台，快速获取所需商品和服务的信息，比较不同供应商的价格和服务，做出更加明智的购买决策。

（2）采购成本的降低

电子商务还可以降低客户的采购成本。客户通过在线购物可以避免实体店购物的交通费用和时间成本。同时，电子商务平台通常会提供各种优惠和促销活动，帮助客户节省采购成本。

（五）服务个性化

1. 一对一的客户联系

（1）客户关系管理（CRM）系统的优化

电子商务平台通过集成先进的数据分析工具和 CRM 系统，能够实现对客户数据的深入挖掘和精准分析。这种分析不仅限于客户的购买历史，还包括了客户的浏览行为、搜索习惯、反馈意见等多维度信息。企业通过对这些信息的整合与分析能够构建出更为全面和细致的客户画像，从而实现与客户的一对一沟通。

（2）个性化服务的实现

基于 CRM 系统的优化，企业能够提供更加个性化的服务。例如，企业通过分析客户的购买历史，推荐符合客户偏好的新产品或服务；通过分析客户的反馈意见，及时调整服务策略，提升服务质量。这种个性化服务的实现，不仅能够满足客户的个性化需求，还能够提升客户的购物体验，增强客户的忠诚度。

2. 以客户需求为依据的服务

（1）数据分析的重要性

在电子商务中，数据分析是实现以客户需求为依据的服务的关键。企业通过收集和分析客户数据，可以洞察客户的真实需求和潜在需求。这种数据驱动的服务模式，使得企业能够更加精准地满足客户的需求，为客户提供定制化的产品和服务。

（2）定制化服务的优势

定制化服务是电子商务中服务个性化的重要体现。企业通过数据分析，可以了解客户的个性化需求，进而提供定制化的产品和服务。例如，服装电商可以根据客户的体型数据和风格偏好，提供个性化的服装定制服务；食品电商可以根据客户的饮食习惯和健康需求，提供个性化的食品推荐服务。这种定制化服务的优势在于，它能够极大地提升客户的满意度和忠诚度，同时也能够帮助企业提升市场竞争力。

（3）客户体验的持续优化

以客户需求为依据的服务，还需要不断地优化客户体验。企业应该通过持续的数据分析，及时了解客户的需求变化，不断调整和优化服务策略。例如，企业通过分析客户的反馈和评价，可以发现服务中的不足之处，进而采取措施进行改进。这种持续的优化过程，不仅能够提升客户的满意度，还能够帮助企业建立良好的品牌形象。

（4）客户忠诚度的提升

服务个性化最终的目标是提升客户的忠诚度。企业通过提供以客户需求为依据的个性化服务，能够建立与客户之间的信任关系，从而提升客户的忠诚度。忠诚的客户不仅会重复购买企业的产品和服务，还会通过口碑传播，为企业带来新的客户。因此，服务个性化是电子商务中提升客户忠诚度的重要策略。

第三节　移动互联网时代的电子商务

一、移动互联网对电子商务的影响

（一）移动互联网的普及与电子商务的便捷性

1. 用户购物行为的转变

随着智能手机普及率的不断提高，用户可以随时随地接入互联网，这极大地改变了用户的购物习惯。用户不再受限于时间和地点，可以在任何有网络覆盖的地方进行商品的浏览和购买。这种随时随地的购物能力使得用户的购物行为更加灵活和自发，也使得电子商务的便捷性得到了极大的提升。

移动互联网技术的发展，如4G、5G网络的推广，使得移动设备上的网页加载速度更快，视频播放更流畅，极大地提升了用户的购物体验。此外，移动设备的触摸屏操作、语音搜索等功能，也使得用户在移动端的购物操作更加直观和便捷。

2. 移动APP在电商中的应用

移动APP能够根据用户的历史购买记录、浏览习惯等数据，提供个性化的商品推荐。这种个性化服务不仅能够提高用户的购物满意度，还能够提升用户的购买转化率。APP能够根据用户的地理位置、时间等信息，推送相关的促销活动和优惠信息，增加用户的购买欲望。

许多移动APP还具备社交互动功能，如用户评价、社区讨论等，这些功能可以增强用户的参与感和归属感，提高用户的黏性。用户之间的互动还可以产生口碑效应，帮助企业扩大品牌影响力。此外，企业还可以通过APP内的社交功能，开展用户调研，收集用户反馈，不断优化产品和服务。

（二）移动互联网对电商营销策略的影响

1. 社交媒体营销的兴起

（1）社交媒体平台的特点

社交媒体平台如微博、微信、抖音等，具有高度的用户黏性和活跃度。这些平台不仅能够传播品牌信息，还能够实现用户之间的互动和分享，形成良好的口碑效应。此外，社交媒体平台还能够根据用户的兴趣和行为，精准推送相关的内容和广告，提高营销效果。

（2）KOL（Key Opinion Leader）营销的应用

KOL 营销是通过社交媒体平台上的意见领袖，传播品牌信息和产品推荐。KOL 通常具有较高的粉丝基数和影响力，能够引导粉丝的消费行为。电商企业通过与 KOL 合作，可以利用其粉丝资源，提高品牌知名度和销售额。

（3）内容营销的策略

内容营销是通过创造有价值、相关性强、具有吸引力的内容，吸引和留住目标用户。在移动互联网时代，内容营销成为电商企业的重要营销手段。电商企业可以通过博客、短视频、直播等形式，向客户提供专业的购物指导、产品评测等内容，提升用户体验，增强用户黏性。

2. 个性化营销的实现

（1）大数据分析的能力

移动互联网的大数据分析能力使得电商企业能够深入了解用户的购物历史、浏览习惯、兴趣爱好等数据。电商企业通过对这些数据的分析，可以挖掘用户的个性化需求，为用户提供更加精准和个性化的商品推荐和营销信息。

（2）用户画像的构建

用户画像是对目标用户群体的特征和需求进行深入分析，构建出用户的全方位画像。电商企业通过用户画像可以更加精准地了解用户的需求，向其提供个性化的商品推荐和营销策略。用户画像的构建有助于提高营销的精准度，提升转化率和用户忠诚度。

二、移动支付与电子商务的融合

（一）移动支付技术的发展

1. 移动支付的便捷性

移动支付技术的创新，如二维码支付、NFC 支付等，已经成为现代支付体系中不可或缺的一部分。这些技术的出现，极大地简化了支付流程，提高了支付的便捷性。用户只需通过手机即可完成支付，无须携带现金或银行卡，这种便捷的支付方式极大地促进了电子商务的发展。移动支付的便捷性不仅体现在支付过程的简化上，还体现在其对用户行为的深刻影响上。随着移动支付的普及，用户的消费习惯发生了显著变化，越来越多的人倾向于使用移动支付进行日常消费，这种支付方式的便捷性和安全性得到了广泛认可。

移动支付的便捷性促进了线上线下商业的融合。传统的线下零售业通过引入移动支付，可以提供更加便捷的购物体验，吸引更多的消费者。同时，线上电商也可以通过移动支付实现与线下实体店的互动，提供无缝的购物体验。这种线上线下融合的商业模式不仅提高了商业效率，也为消费者提供了更加丰富和便捷的购物选择。

2. 移动支付的安全性

在移动支付过程中，用户的个人信息和资金安全至关重要。为了保障移动支付的安全性，支付行业采用了多种先进技术，如生物识别技术和加密技术等。这些技术的应用，有效地提高了移动支付的安全性，使得用户对移动支付的信任度得到了显著提升。

生物识别技术是一种利用生物特征来识别个体身份的技术，如指纹识别、面部识别等。在移动支付中，生物识别技术可以用于验证用户的身份，确保只有合法用户才能进行支付操作。此外，生物识别技术还具有不易被仿冒和盗用的特点，从而提高了支付的安全性。

加密技术是一种将信息转换为密文，以防止信息被非法获取的技术。在移动支付过程中，用户的信息和交易数据需要经过加密处理，以确保信息在传输过程中不被窃取。采用先进的加密算法，如 AES（高级加密标准）等，可以有效地保护用户的信息安全。通过加密技术，移动支付平台可以为用户提供安全可靠的支付环境，降低支付风险。

除了生物识别技术和加密技术外，移动支付平台还采用了其他多种措施来提高支付安全性。例如，引入了双重验证机制，即在支付过程中，需要用户提供两种不同的验证信息，如密码和短信验证码等。这种双重验证机制可以有效防止恶意攻击和非法操作，提高支付的安全性。

（二）移动支付对电子商务的推动作用

1. 促进电商交易的快速增长

在数字化浪潮的推动下，电子商务已成为全球经济的重要组成部分，而移动支付的便捷性和安全性则是推动电商交易快速增长的关键因素。移动支付的普及，不仅简化了消费者的支付流程，也极大地提升了交易效率，使得用户更愿意在电商平台上购物。这种支付方式的广泛应用为电商企业开辟了新的商业机遇，促进了电商交易量的显著增长。

移动支付的普及还促进了电商平台的创新发展。为了满足用户多样化的支付需求，电商平台不断推出新的支付产品和服务，如一键支付、分期付款等。这些创新的支付方式不仅提升了用户体验，还拓宽了电商平台的收入来源。

此外，移动支付的便捷性和安全性还促进了电商平台的国际化发展。随着全球化的推进，越来越多的电商平台开始拓展海外市场。移动支付作为一种通用的支付方式，为跨境电商交易提供了便利，促进了国际贸易的发展。电商平台通过整合全球支付资源，为用户提供更加便捷的跨境支付服务，进一步扩大了电商交易的市场规模。

2. 推动电商服务的创新

在数字化时代背景下，移动支付的普及不仅改变了人们的消费习惯，也为电商服务的创新提供了新的动力。移动支付的便捷性和高效性使得电商企业能够提供更加多样化和个性化的服务，从而提升用户体验，增强用户黏性。

移动支付的即时性为电商企业提供了即时退款的可能性，这种服务的创新极大地提升了用户的信任感和满意度。在传统的电商交易中，退款流程往往繁琐且耗时，而移动支付的即时退款功能使得用户在遇到退货退款情况时能够迅速得到处理，减少了用户的等待时间，从而提升了用户对电商平台的信任和忠诚度。

分期付款服务的推出也是移动支付推动电商服务创新的一个例证。电商企业通过移动支付平台，可以为用户提供灵活的分期付款选项，使得用户即使在高价值商品面前也能够轻松消费。这种服务的创新不仅降低了用户的经济压力，也扩大了电商平台的潜在客户群，促进了销售额的增长。

此外，移动支付的普及还为电商企业提供了丰富的用户数据。通过分析用户的支付行为、购买偏好等信息，电商企业可以进行精准的用户画像，实现个性化推荐和精准营销。这种基于大数据的营销策略，不仅提高了营销效率，也提升了用户体验，使得用户能够更加便捷地找到自己感兴趣的商品。

第四节　电子商务在全球化背景下的发展

一、“实体经济 + 互联网”快速融合

在当今这个信息化飞速发展的时代，“实体经济 + 互联网”的融合已经成为推动中国经济发展的重要动力。这种融合不仅仅是技术层面的结合，更是商业模式、消费习惯乃至整个社会生产方式的深刻变革。电子商务企业通过推动线上线下产业的融合发展，不仅为消费者提供了更加便捷、个性化的购物体验，也为传统实体企业带来了转型升级的契机。

传统实体企业在互联网的浪潮中，不再是被动接受者，而是积极探索者。它们通过参与互联网，实现了销售渠道的拓展，以及企业运营模式、服务方式的全面革新。例如，企业通过大数据分析更精准地了解消费者需求，优化产品结构；通过云计算实现资源的高效配置，降低运营成本；通过物联网技术实现生产过程的智能化，提高生产效率。这些技术的应用，使得传统实体企业能够更好地适应市场变化，提升竞争力。

同时，互联网的融入也为传统产业带来了新的增长点。在互联网的助力下，传统产业不再是单一的生产制造，而是向服务化、智能化转型。例如，制造业通过引入互联网技术，实现了智能制造，不仅提高了生产效率，也提升了产品的附加值；农业通过互联网平台，实现了精准农业，提高了农产品的质量和产量；服务业通过互联网，实现了服务的个性化和定制化，提升了服务体验。这些转型不仅为传统产业带来了新的生机，也为整个社会经济的发展注入了新的活力。此外，实体经济与互联网的融合还促进了新业态、新模式的产生。共享经济、平台经济、网络零售等新兴业态，都是在互联网技术的推动下应运而生。这些新业态不仅改变了人们的消费习惯，也重塑了市场结构，为经济发展带来了新的增长点。同时，这些新业态的发展也提出了新的挑战，如数据安全、隐私保护等问题。

二、移动电子商务迅猛发展

在数字化浪潮的推动下，移动电子商务在中国展现出了前所未有的发展速度和潜力。这一市场的迅猛增长，不仅改变了消费者的购物习惯，也重塑了零售业的格局。

移动电子商务的兴起，标志着消费者购物方式的重大转变。传统的 PC 端购物逐渐让位于移动端，这一趋势的背后，是移动互联网技术的飞速发展和智能手机的广泛普及。消费者通过手机等移动设备，可以轻松访问电商平台，享受个性化推荐、即时交易和便捷支付等服务。这种购物方式的转变不仅仅是技术进步的体现，更是消费者需求多样化和个性化的反映。

移动电商的发展也促进了网购市场向多屏互动、“社交＋消费”等方向的转变。随着社交媒体的兴起，消费者在社交平台上分享购物体验、获取商品信息已经成为一种新的消费趋势。电商平台通过整合社交元素，不仅增强了用户的黏性，还拓宽了营销渠道。例如，通过微信、微博等社交平台，商家可以直接与消费者互动，进行精准营销，这种“社交＋消费”的模式已经成为移动电商发展的重要方向。此外，移动电子商务的快速发展也对物流配送、支付安全、数据分析等领域提出了更高的要求。物流配送需要更加高效和智能化，以满足消费者对快速配送的需求；支付安全需要不断加强，以保护消费者的财产安全；数据分析需要更加精准，以提供更好的个性化服务。企业应对这些挑战，需要技术创新和改进商业模式。

三、生活服务类电子商务日益渗透

在数字化的大潮中，生活服务类电子商务正以前所未有的速度渗透到人们的日常生活中，成为推动社会进步的重要力量。互联网公司纷纷将战略重心转向服务和便捷生活的领域，这不仅是对传统商业模式的一次颠覆，更是对现代生活方式的一次深刻重塑。随着电子商务技术的不断进步，旅游、教育、医疗、家庭服务等生活领域正逐渐被电子商务所覆盖，居民享受到了前所未有的便捷体验和服务。

旅游电子商务的发展，使得人们可以通过网络平台轻松规划行程、预订机票和酒店，享受个性化的旅游服务。教育电子商务的兴起让在线学习成为可能，无论高等教育还是职业培训，都可以通过网络平台进行，极大地拓宽了教育的边界。医疗电子商务的进步使得远程医疗、在线咨询、药品配送等服务成为现实，极大地方便了患者，提高了医疗服务的效率。家庭服务电子商务的发展让家政、维修、搬家等服务可以通过网络平台预约，简化了服务流程，提升了服务质量。

生活服务类电子商务的快速发展不仅得益于互联网技术的进步，也得益于消费者需求的多样化。随着生活节奏的加快，人们越来越追求高效、便捷的生活方式。电子商务平台通过整合资源、优化服务流程，满足了消费者对于便捷生活的需求。同时，电子商务平台通过大数据分析能够更精准地了解消费者的需求，提供更加个性化的服务。

四、物流体系一体化的形成

中国物流体系目前面临的主要问题，包括物流混杂、成本高效率低等，严重制约着电子商务的进一步发展，因此，推动物流体系的一体化发展显得尤为迫切。一体化物流体系的建设不仅能够提高物流效率，降低物流成本，还能够提升消费者的购物体验，增强电商平台的竞争力。

（一）实现信息化、完善化和覆盖化

信息化是物流体系一体化的基础，建立统一的物流信息平台可以实现物流数据的实时共享，以提高物流运作的透明度和效率。完善化则是物流体系一体化的重要环节，这包括完善物流基础设施，如仓储设施、运输网络等，以及完善物流服务体系，如配送服务、售后服务等。覆盖化是物流体系一体化的目标，建立覆盖城乡的物流网络，实现物流服务的全面覆盖，可以满足不同地区、不同层次的物流需求。

（二）推动物流仓储联动机制

优化仓储布局，实现仓储与运输的高效衔接，可以大幅提高物流效率。同时，引入先进的物流技术和管理方法，如自动化仓储系统、智能分拣技术等，可以进一步提升物流运作的效率和准确性。此外，建立跨区域的物流合作机制可以实现资源共享和优势互补，这也是推动物流体系一体化的有效途径。

（三）降低物流成本

优化物流流程，减少不必要的中间环节，可以有效降低物流成本。同时，采

用节能减排的物流技术和设备，如电动物流车、太阳能物流设施等，可以降低物流的环境成本。此外，建立合理的物流价格机制可以鼓励物流企业之间的竞争，这也可以促进物流成本的降低。

（四）促进电子商务的可持续发展

一体化物流体系建设不仅能够提升电子商务的竞争力，还能够促进电子商务的创新发展。例如，平台提供个性化的物流服务，可以满足消费者多样化的需求，提升消费者的购物体验。同时，高效的物流服务可以促进电子商务的全球化发展，拓展电商平台的国际市场。

第四章　现代服务业的演变与特征

第一节　现代服务业的定义与范畴

一、现代服务业的基本概念

由于服务业的复杂性和多样性，国内外对于现代服务业都没有一个明确、权威、统一的界定。我们认为，现代服务业是指那些不生产商品，主要依托电子信息高技术和现代管理理念而发展起来的服务业，如信息、会展、研发、咨询、法律服务、教育培训等行业。

具体来讲，首先，一些直接性的、针对人的、面对面的，用来满足人们提高生活质量和自身素质需求的消费服务可以称为现代服务业，主要包括教育培训、文化艺术、体育健身及休闲娱乐等。它们的生产和供给均依靠现代信息技术和现代管理模式，较多地采用专业化和社会化的分工与合作，服务手段日新月异，具有鲜明的时代特征。其次，为企业产前、产中和产后提供服务的生产性服务业也称为现代服务业，如研发、设计、营销策划、管理咨询、会计审计、法律服务、信息服务等。这些生产性服务业正日益成为工业增长必要的中间投入，并且它投入的数量、质量和方式，代表着工业增长的现代化程度。

二、不同领域的服务业分类

（一）商务服务业

1. 会计服务

会计服务作为商务服务业的核心组成部分，扮演着企业财务健康监护者的角色。会计服务不仅涉及财务报表的编制，更深入到税务筹划、成本控制等多个层面，为企业提供全面的财务管理解决方案。

（1）财务报表编制

财务报表编制是会计服务的基石，它要求会计人员具备深厚的会计理论知识和实务操作能力。会计人员通过准确记录企业的经济活动，编制出资产负债表、利润表和现金流量表等关键财务报表，为企业管理层、投资者、债权人等利益相关者提供决策依据。会计人员不仅要遵循国际财务报告准则（IFRS）或美国通用会计准则（GAAP），还需确保信息的及时性和准确性，以反映企业的真实财务状况。

（2）税务筹划

税务筹划是会计服务中的另一重要分支。专业的会计服务提供商能够帮助企业合理规划税务，通过合法的税收优惠政策和策略，降低税负，提高企业的经济效益。税务筹划不仅要求会计服务提供商对税法有深入的理解，还需要具备前瞻性的财务规划能力，以应对税法的变动和市场的变化。

（3）成本控制

成本控制是会计服务中的关键环节，它直接关系到企业的盈利能力和市场竞争力。会计服务提供商通过成本分析、预算管理和绩效评估等手段，帮助企业识别成本驱动因素，优化成本结构，提高资源使用效率。有效的成本控制不仅能够减少不必要的开支，还能够提升产品和服务的质量，增强企业的市场竞争力。

2. 审计服务

（1）财务审计

财务审计是审计服务的核心，它涉及对企业财务报表的全面审查。审计师通过检查会计记录、验证资产和负债、评估内部控制系统的有效性，以及执行其他必要的审计程序，来确定财务报表是否公允地反映了企业的财务状况和经营成果。财务审计不仅要求审计师具备专业的会计和审计知识，还需要具备良好的职业判断能力和道德标准。

（2）合规审计

合规审计关注的是企业是否遵守了相关的法律法规、行业标准和内部政策。审计师通过审查企业的政策和程序，评估其合规性，并提出改进建议。合规审计有助于企业避免法律风险，维护企业的声誉和市场地位。

（3）运营审计

运营审计侧重评估企业的业务流程和运营效率。审计师通过分析企业的运营数据，识别流程中的瓶颈和低效环节，提出改进措施。运营审计有助于企业优化资源配置，提高生产效率和服务质量。

3. 中介服务

（1）商业地产代理

商业地产代理服务涉及商业地产的买卖、租赁和管理。代理机构通过市场分析、物业评估和谈判协调，帮助客户找到合适的商业地产，实现资产的最优配置。商业地产代理不仅要对地产市场有深入的了解，还需要具备良好的客户服务能力和谈判技巧。

（2）人力资源服务

人力资源服务为企业提供招聘、培训、薪酬管理和员工关系等方面的支持。专业的人力资源服务提供商能够帮助企业优化人力资源配置，提高员工的工作满意度和绩效。人力资源服务不仅要对劳动法规有深入的理解，还需要具备人力资源管理的理论知识和实践经验。

（3）市场调研

市场调研服务涉及对市场趋势、消费者行为和竞争对手的分析。调研机构通过定量和定性的研究方法，为企业提供市场洞察，帮助企业制定有效的市场策略。市场调研不仅要具备科学的研究方法，还需具备敏锐的市场洞察力和分析能力。

4. 咨询服务

（1）战略规划

战略规划咨询服务帮助企业制定长期的发展战略和目标。咨询顾问通过对企业内外部环境的分析，提出战略建议，帮助企业把握市场机遇，应对挑战。战略规划服务人员不仅要具备对宏观经济和行业分析的能力，还需要具备创新思维和前瞻性。

（2）管理咨询

管理咨询服务涉及企业管理的各个方面，包括组织结构、流程优化、绩效管理等。咨询顾问通过诊断企业的管理问题，提出改进方案，帮助企业提高管理效率和效果。管理咨询顾问不仅要具备深厚的管理理论知识，还需要具备丰富的实践经验和变革管理能力。

（3）市场分析

市场分析咨询服务帮助企业了解市场动态和消费者需求。咨询顾问通过市场调研和数据分析，为企业提供市场开拓、产品定位和营销策略的建议。市场分析咨询顾问不仅要具备市场研究的专业技能，还需要具备敏锐的市场洞察力和创新能力。

（二）金融服务业

1. 银行服务

（1）存款服务

存款服务是银行最基本的业务之一，它为个人和企业提供了安全可靠的资金存放渠道。存款服务包括活期存款、定期存款等多种形式，满足不同客户对资金流动性和收益性的需求。同时，银行通过存款服务吸收社会闲散资金，为贷款和投资提供资金来源。

（2）贷款服务

贷款服务是银行的核心业务之一，它为个人和企业提供资金支持，促进了经济的发展。贷款服务包括个人消费贷款、住房贷款、企业经营贷款等。银行在提供贷款服务时，会根据客户的信用状况、还款能力和贷款用途等因素，进行风险评估和定价。

（3）支付结算服务

支付结算服务是银行的重要业务，它为个人和企业提供了便捷的资金转移和结算手段。支付结算服务包括支票、汇票、电子转账、网上银行等。随着科技的发展，电子支付和移动支付成为支付结算服务的新趋势，极大地提高了支付效率和便利性。

2. 证券服务

（1）证券交易服务

证券交易服务是证券公司的核心业务，它为投资者提供了股票、债券、基金等金融产品的买卖平台。证券交易服务包括经纪业务、自营业务和做市业务。证券公司通过提供高效的交易系统和专业的交易服务，满足投资者的交易需求。

（2）投资顾问服务

投资顾问服务是证券公司为投资者提供的专业化服务，它包括市场分析、投资策略、风险评估等。投资顾问通过深入分析市场动态和公司基本面，为投资者提供投资建议。投资顾问需要具备专业的研究能力和良好的客户服务能力。

（3）资产管理服务

资产管理服务是证券公司为投资者提供的专业化服务，它包括基金管理、私人银行、信托服务等，帮助投资者进行资产配置和风险管理，实现资产的长期增值。证券公司需要具备专业的投资管理能力和风险控制能力。

3. 保险服务

（1）人身保险服务

人身保险服务包括寿险、健康险、意外险等，它根据保险合同的约定，为被保险人或其受益人提供经济补偿。

（2）财产保险服务

财产保险服务包括财产损失险、责任险、信用保险等，它为企业和个人提供了财产损失的保障。财产保险服务根据保险合同的约定，为被保险人提供经济补偿。

（3）再保险服务

再保险服务是保险公司之间的一种风险转移方式，保险公司通过再保险合同，将一部分风险转移给其他保险公司。再保险服务有助于保险公司分散风险，提高承保能力。

（三）信息服务业

1. 互联网信息服务

（1）互联网接入服务

互联网接入服务是互联网信息服务的基础，它为用户提供了连接到互联网的通道。互联网接入服务包括宽带接入、移动数据接入、无线局域网接入等。随着技术的发展，互联网接入服务正朝着速率更高、延迟更低、覆盖更广的方向发展，满足用户对高质量网络体验的需求。

（2）网站建设服务

网站建设服务是互联网信息服务的核心内容之一，它为企业、机构和个人提供了在线展示和交流的平台。网站建设服务包括网站设计、网站开发、网站维护等。专业的网站建设服务商不仅要具备良好的用户体验设计，还需要考虑网站的安全性、可扩展性和搜索引擎优化。

（3）电子邮箱服务

电子邮箱服务是互联网信息服务的重要组成部分，它为用户提供了电子邮件的收发和管理功能。电子邮箱服务包括个人邮箱、企业邮箱、免费邮箱等。随着云计算和大数据技术的发展，电子邮箱服务正逐渐向云邮箱服务转变，以提供更大的存储空间、更强的安全性和更便捷的管理功能。

2. 软件开发

（1）应用软件开发

应用软件开发是软件开发的主要领域，它为企业和个人提供了定制化的软件解决方案。应用软件开发包括企业资源规划（ERP）、客户关系管理（CRM）、办公自动化（OA）等。应用软件开发者需具备深厚的业务理解能力和软件工程实践经验。

（2）系统软件开发

系统软件开发是软件开发的基础领域，它为计算机硬件提供了操作系统和中间件等支持。系统软件开发包括操作系统开发、数据库管理系统开发、网络协议栈开发等。系统软件开发者需具备扎实的计算机科学理论知识和系统级编程技能。

（3）移动应用开发

移动应用开发是软件开发的新兴领域，它为智能手机和平板电脑等移动设备提供了丰富的应用程序。移动应用开发者需掌握移动操作系统的特性和开发工具，以及用户体验设计原则。

（四）文化创意服务业

1. 影视制作

（1）电影制作

电影制作是影视制作中最为复杂和精细的领域，它涉及剧本创作、导演指导、演员表演、摄影摄像、后期制作等多个环节。电影制作不仅要求制作者有高水平的艺术创作能力，还需有强大的技术支持和资金投入。随着数字技术的发展，电影制作正逐渐向高清晰度、3D、虚拟现实等方向发展，以为观众带来更加震撼的视觉体验。

（2）电视剧制作

电视剧制作是影视制作中最为普及和受欢迎的形式，它通过连续剧集的方式，讲述长篇故事，吸引观众持续关注。电视剧制作包括剧本编写、选角、拍摄、剪辑、配音等环节。随着网络平台的兴起，电视剧的传播渠道更加多样化，观众群体也更加广泛。

（3）纪录片制作

纪录片制作是影视制作中较为特殊的一个分支，它通过真实记录的方式，展现自然、历史、社会等各个方面的真实面貌。纪录片制作要求制作者具备深厚的学术背景和敏锐的观察力，能够捕捉到真实世界中的精彩瞬间。随着科技的进步，纪录片制作也在探索更多元的表现手法，如使用无人机拍摄、虚拟现实技术等。

2. 文化传媒

（1）报纸和杂志

报纸和杂志是传统媒体的代表，它们提供新闻报道、专题分析、文化评论等内容。随着互联网的兴起，报纸和杂志正逐渐向数字化转型，提供在线阅读和互动功能。尽管面临新媒体的挑战，报纸和杂志依然在深度报道和专业分析方面具有不可替代的优势。

（2）广播

广播是通过无线电波传播声音的媒体形式，它包括电台广播和网络广播。广播具有传播速度快、覆盖范围广的特点，适合于新闻快报、音乐播放、谈话节目等。随着移动互联网的发展，网络广播正变得越来越流行，用户可以随时随地通过手机等移动设备收听。

（3）网络媒体

网络媒体是文化传媒中最为活跃和创新的部分，它包括新闻网站、博客、微博、视频平台等。网络媒体具有信息更新快、互动性强、传播范围广的特点，极大地丰富了公众的信息获取渠道。随着社交媒体的兴起，网络媒体正成为文化传播和舆论引导的重要平台。

（五）教育服务业

1. 学前教育

学前教育，作为教育服务业的起点，是对3—6岁幼儿进行教育和培养的服务。

这一阶段的教育对于儿童的认知发展、情感培养、社会交往能力以及身体协调性的提升具有至关重要的作用。学前教育不仅仅是知识的传授，更是对儿童全面发展的启蒙和引导。

（1）学前教育的理念与目标

学前教育的理念强调以儿童为中心，尊重儿童的个性和兴趣，通过游戏和活动促进儿童的全面发展。教育目标包括培养儿童的基本生活自理能力、良好的行为习惯、初步的社交技能以及对周围世界的探索兴趣。

（2）学前教育的内容与方法

学前教育的内容涵盖语言、数学、科学、艺术、体育等多个领域。教育方法注重游戏化学习，通过角色扮演、故事讲述、音乐舞蹈、绘画手工等活动，激发儿童的学习兴趣和创造力。同时，学前教育也强调家园合作，通过家长会、亲子活动等形式，加强家庭与幼儿园之间的沟通与协作。

（3）学前教育的挑战与发展趋势

学前教育面临着师资力量不足、教育资源分配不均、教育质量参差不齐等问题。随着社会对学前教育重视程度的提升和教育理念的更新，学前教育正朝着更加科学化、专业化的方向发展。政府和社会各界正加大投入，推动学前教育的普及和质量提升。

2. 中小学教育

中小学教育是对 6—18 岁儿童和青少年进行教育和培养的服务，这一阶段的教育是学生个人知识体系构建和价值观形成的关键时期。中小学教育不仅传授基础知识和技能，还注重培养学生的批判性思维、创新能力和终身学习的能力。

（1）中小学教育的课程体系

中小学教育的课程体系包括语文、数学、英语、物理、化学、生物、历史、地理、政治等学科，以及体育、音乐、美术等艺术和体育课程。课程设置旨在全面发展学生的智力、情感、体质和社会能力。

（2）中小学教育的教学方法

中小学教育的教学方法从传统的讲授式教学逐渐转向以学生为中心的探究式、合作式学习。教师通过项目学习、问题解决、小组讨论等方式，激发学生的主动性和参与度，培养学生的独立思考和解决问题的能力。

（3）中小学教育的评价体系

中小学教育的评价体系正从单一的考试成绩评价向多元化评价转变，包括学生的课堂表现、作业完成情况、参与课外活动的积极性等多方面进行综合评价。这种评价方式有助于更全面地展示学生的学习状况和发展潜力。

3. 高等教育

高等教育是为 18 岁以上成人提供的高水平的教育和培训服务，它包括本科教育、研究生教育、职业教育等多个层次。高等教育的目标是培养具有创新精神和实践能力的高级专业人才。

（1）高等教育的学科设置

高等教育的学科设置涵盖了自然科学、工程技术、医学、农业科学、社会科学、人文科学等多个领域。学科设置旨在满足社会对各类专业人才的需求，同时也为学生提供了广泛的学习选择。

（2）高等教育的教学模式

高等教育的教学模式注重理论与实践相结合，通过实验室研究、实习实训、社会实践等方式，提高学生的实际操作能力和问题解决能力。同时，高等教育也鼓励跨学科学习和国际交流，拓宽学生的视野。

（3）高等教育的研究与创新

高等教育不仅是知识传授的场所，更是科学研究和技术创新的前沿阵地。高校通过科研项目、学术会议、论文发表等形式，推动知识的创新和传播。同时，高校也与企业合作，将科研成果转化为实际生产力，促进社会经济的发展。

（六）医疗健康服务业

1. 医院服务

医院服务是医疗健康服务业的核心组成部分，它涵盖了门诊、住院、手术、检查等多个方面，为患者提供全面、专业的医疗服务。医院服务不仅是疾病治疗的重要场所，也是健康教育、疾病预防的前沿阵地。

医院服务的主要功能包括疾病的诊断、治疗、康复以及健康维护。医院通常设有内科、外科、妇产科、儿科、急诊科等多个科室，配备有先进的医疗设备和专业的医疗团队。医院服务的特点是专业性强、服务全面、技术先进，能够处理各种复杂的医疗情况。随着信息技术的发展，医院服务也在逐步实现电子化、智能化，提高服务效率和质量。

2. 诊所服务

诊所服务是基层医疗机构提供的各种医疗服务，它作为医疗健康服务体系的基础，承担着常见病、多发病的诊疗和健康管理任务。诊所服务具有便捷、快速、贴近居民生活的特点。

诊所服务的模式包括全科诊所、专科诊所、社区卫生服务中心等。全科诊所提供综合性的医疗服务，专科诊所则侧重于某一领域的专业服务。社区卫生服务中心除了提供基本的医疗服务外，还承担着健康档案管理、健康教育、疾病预防等公共卫生职能。

（七）旅游服务业

1. 旅行社服务

旅行社服务是旅游服务业的重要组成部分，它为游客提供旅游路线规划、机票酒店预订、签证办理、旅游咨询等一系列专业服务。旅行社服务不仅帮助游客节省时间和精力，还能提供个性化的旅游体验，满足不同游客的需求。

（1）旅行社服务的功能与特点

旅行社服务的主要功能包括旅游产品的策划与销售、旅游信息的咨询与传播、旅游活动的组织与实施等。旅行社服务的特点是专业性强、服务全面、操作便捷，能够根据游客的需求提供定制化的旅游解决方案。

（2）旅行社服务的流程与管理

旅行社服务的流程通常包括客户咨询、需求分析、产品推荐、合同签订、行程安排、售后服务等环节。旅行社管理涉及客户关系管理、产品开发管理、销售渠道管理、财务管理等多个方面。随着信息技术的发展，旅行社服务也在逐步实现电子化、网络化，提高服务效率和质量。

2. 酒店服务

酒店服务是旅游服务业的基础服务之一，它为游客提供住宿、餐饮、娱乐、会议等一系列服务。酒店服务质量直接影响游客的旅游体验和满意度。

酒店服务的主要职能包括提供舒适的住宿环境、美味的餐饮体验、丰富的娱乐活动、高效的商务支持等。酒店服务的优势在于其地理位置优越、设施齐全、服务专业，能够满足不同类型游客的需求。

酒店服务的类型包括经济型酒店、商务型酒店、度假型酒店、豪华型酒店等。不同类型的酒店服务针对不同的市场细分，提供差异化的服务。酒店服务的实践包括客房管理、餐饮服务、前台接待、客户关系维护等。

3. 景区服务

景区服务是旅游服务业的重要组成部分，它为游客提供导游服务、旅游咨询、安全保障等一系列服务。景区服务质量直接影响游客的旅游体验和景区的口碑。

景区服务的管理涉及景区规划、资源保护、游客管理、市场营销等多个方面。景区运营包括门票销售、导游服务、旅游商品销售、餐饮服务等。景区服务的管理与运营需要综合考虑经济效益、社会效益和环境效益。

（八）法律服务业

律师事务所是法律服务业的核心机构，它们为个人和企业提供专业的法律服务，包括但不限于法律顾问、诉讼代理、合同审查、知识产权保护、公司法务、国际法律事务等。律师事务所的存在对于维护法律秩序、保障公民和企业的合法权益、促进社会公正和经济发展具有不可或缺的作用。

律师事务所的职能主要体现在为客户提供法律咨询、代理诉讼和仲裁、起草和审查法律文件、提供法律培训等服务。律师事务所的特点在于其专业性强、服务范围广、操作规范，能够根据客户的具体需求提供定制化的法律解决方案。随着法律服务市场的竞争加剧，律师事务所也在不断优化内部管理，提高服务效率和质量。

三、现代服务业的特征

现代服务业是相对于传统服务业而言的，是传统服务业的对称。从理论归纳的角度分析，传统服务业一般具有增加值低、乘数效应小和劳动力素质较差等方面的特点。与之相比较，现代服务业一般具有以下六大基本特征。

（一）技术密集

现代服务业的显著特征之一是其技术密集性。这一特征体现在服务业中广泛应用的高新技术，如信息技术、人工智能、大数据分析等。这些技术的应用不仅提高了服务业的效率和质量，也使得服务过程智能化、自动化。例如，金融服务业中的电子支付系统、在线银行服务，以及医疗服务业中的远程医疗服务、电子病历管理等，都是技术密集的典型例子。技术密集的现代服务业能够提供更加精准、高效的服务，满足消费者对于便捷性和时效性的需求。

（二）知识密集

现代服务业的另一个核心特征是知识密集。知识密集型服务业主要依赖于专业知识、信息和技术的生产、传播和应用。这类服务业的典型代表包括教育、咨询、研发、设计、文化创意等领域。在这些领域中，知识不仅是服务的内容，也是服务的媒介和增值手段。知识密集型服务业的发展，推动了知识的创新和传播，促进了社会经济的知识化、信息化进程。

（三）人才密集

现代服务业的人才密集性体现在其对高素质人才的需求上。现代服务业的从业人员通常需要具备良好的教育背景、专业知识基础和管理能力。这些人才不仅包括直接提供服务的专业人士，如律师、会计师、咨询师等，也包括支持服务运营的管理和技术人才。人才密集型服务业的发展，对教育体系和人才培养模式提出了新的要求，促进了终身教育和职业培训的发展。

（四）高增值、低消耗

现代服务业的高增值、低消耗特征是其可持续发展的关键。与传统制造业相比，现代服务业在创造高附加值的同时，对自然资源和能源的消耗相对较低。这一特征使得现代服务业成为推动经济增长和结构优化的重要力量。例如，软件开发、金融服务、文化创意等产业，它们的主要投入是人力资本和知识资本，而不是物质资源，因此具有较高的经济效益和环境效益。

（五）新兴性、发展性

现代服务业的新兴性和发展性体现在其不断涌现的新业态、新模式上。随着科技进步和市场需求的变化，现代服务业不断推陈出新，如共享经济、电子商务、在线教育等新兴服务业态。这些新兴服务业不仅反映了时代的特征，也预示着未来服务业的发展方向。新兴性和发展性使得现代服务业具有强大的生命力和广阔的发展空间。

（六）高集聚、广辐射

现代服务业的高集聚、广辐射特征体现在其对地理空间的高度集中和对市场的广泛覆盖上。服务业集聚可以产生规模效应和协同效应，提高服务效率和竞争力。例如，金融中心、科技园区、创意产业园区等，都是服务业集聚的典型代表。同时，现代服务业的辐射能力也非常强，它通过互联网和现代物流系统可以跨越地理界限，服务全球市场。

第二节　服务业的数字化转型

一、战略规划与目标设定

在现代服务业的数字化转型过程中，战略规划是奠定成功基石的关键一步。企业必须深入分析市场动态、消费者行为、技术趋势以及竞争对手的策略，以制定符合自身发展需求的数字化转型战略。这一战略规划不仅需要明确企业的长期愿景，还要设定具体的短期目标，确保转型路径的可行性和目标的可实现性。

目标设定应遵循 SMART 原则，即具体（Specific）、可衡量（Measurable）、可达成（Achievable）、相关性（Relevant）和时限性（Time-bound）。企业通过设定清晰的数字化转型目标，能够有效地衡量进度、评估成效，并及时调整策略以应对市场变化。此外，企业还需考虑如何通过数字化手段提升服务质量、提升客户体验、优化运营效率，并探索新的收入来源。

二、技术创新与研发投入

技术创新是现代服务业数字化转型的核心驱动力。企业必须持续投入资源进行技术研发，以保持竞争力并引领行业变革。这包括对现有技术的升级改造，以及对新兴技术的探索应用，如人工智能、大数据分析、云计算、物联网等。企业通过技术创新，能够实现服务流程的自动化、智能化，提高服务效率和质量，同时为客户提供个性化、定制化的服务体验。

研发投入不仅限于技术层面，还包括对人才的培养和引进。企业需要建立一支具备数字化技能的团队，包括数据科学家、软件工程师、用户体验设计师等，以支持技术创新和应用。此外，企业还应与高校、研究机构、技术供应商等建立合作关系，共同推动技术进步。

三、组织变革与文化塑造

数字化转型不仅仅是技术层面的变革，更是组织结构和文化层面的深刻变革。企业需要构建一个灵活、开放、协作的组织架构，以适应数字化时代的需求。这包括打破传统的部门壁垒，建立跨职能团队，促进信息流通和知识共享。同时，企业还需建立灵活的工作流程，以快速响应市场变化和客户需求。

文化塑造是组织变革的重要组成部分。企业需要培养一种鼓励创新、接受失败、持续学习的文化氛围。这种文化应鼓励员工积极参与数字化转型，提出新想法，尝试新方法，并从失败中吸取教训。此外，企业还应通过培训、研讨会、内部竞赛等方式，提升员工的数字化素养和技能。

在组织变革和文化塑造的过程中，领导层的支持和参与至关重要。领导者需要树立榜样，积极推动数字化转型的实施，并为员工提供必要的资源和支持。通过领导层的引领，企业能够建立起一种全员参与、共同推进的数字化转型文化。

第三节　现代服务业的新业态

一、定义与范围

现代服务业的新业态是指在信息技术和互联网的推动下，服务业不断创新和演变，形成的一系列新型服务模式和业态。这些新业态不仅拓宽了传统服务业的边界，还通过技术创新和模式变革，提升了服务业的效率和质量。现代服务业的新业态涵盖了从共享经济到智能服务的领域，表现出强大的生命力和发展潜力。

第一，现代服务业的新业态在定义上强调了服务的智能化、数字化和网络化特征。智能化服务是指通过人工智能、大数据、物联网等技术，实现服务的自动化和智能化，如智能客服、智能家居等。数字化服务则是利用数字技术改造传统服务业态，使服务流程、服务内容和服务形式数字化，如电子商务、在线教育等。网络化服务是指通过互联网和移动互联网，将服务提供者和消费者连接起来，实现服务的在线化和实时化，如网约车、共享住宿等。

第二，现代服务业的新业态在范围上广泛涵盖了各类行业和领域，从金融、医疗、教育到文化、旅游、餐饮等各个方面，几乎无所不包。新业态不仅在传统服务行业中发挥着重要作用，还不断催生出新的行业和市场，推动了经济结构的优化和产业升级。

二、现代服务业的新兴服务模式

（一）共享经济

共享经济作为一种新兴服务模式，通过资源共享和使用权的暂时转让，实现资源的高效利用和经济收益的最大化。共享经济的核心理念是通过互联网平台，将闲置资源进行共享，从而实现供需双方的互利共赢。这种模式的典型代表包括共享出行、共享住宿、共享办公等。

1. 共享出行模式

共享出行模式的兴起与发展，不仅改变了传统出租车行业的运营方式，还带来了全新的商业机会和市场空间，显著提升了交通出行的效率和用户体验，重新定义了人们的出行方式。

共享出行平台通过先进的信息技术，实现了车辆资源的高效调度和乘客需求的精准匹配。用户只需通过手机应用程序，就可以方便地叫车。应用程序会自动定位用户的位置，并将距离最近的车辆派遣至用户所在的位置，整个过程快捷、便捷。乘客还能通过应用程序实时了解行驶路线和预估到达时间，从而提升出行的透明度和安全性。

对于司机来说，共享出行平台提供了灵活的工作机会和收入来源。司机可以根据自己的时间，灵活选择工作时间和接单频次，不再受到传统出租车公司固定班次的约束。共享出行平台通过算法优化和大数据分析，可以为司机提供最佳的行驶路线，提高了接单效率和收入水平。此外，平台还通过技术手段加强对司机和乘客的安全保障，如行车轨迹监控、身份认证和信用评价体系等，提升了用户的信任度和满意度。

共享出行模式不仅在个体层面提升了出行效率和用户体验，也在宏观层面产生了积极的社会和经济效益。闲置车辆的利用率得到了显著提高，减少了资源浪费，也有助于缓解城市交通拥堵和减少碳排放。共享出行模式还促进了劳动力市场的灵活性，为临时失业者、自由职业者和兼职工作者提供了就业机会，提高了社会整体的就业率。

2. 共享住宿模式

共享住宿模式通过平台将房主和旅客连接起来，为双方提供了一个双赢的住宿解决方案。

共享住宿模式的核心在于资源的高效利用和用户体验的提升。房主可以将闲置的房屋、房间或公寓在平台上出租，而这些原本可能长期空置的房产资源得以重新利用，创造了额外的经济收益。对于房主而言，共享住宿不仅提供了灵活的出租方式，还增加了收入来源，特别是在旅游旺季或重大活动期间，这种模式能够带来可观的收益。此外，共享住宿平台通常会提供一些保障措施，如保险服务和租客评价系统，降低了房主出租房屋的风险，提高了出租意愿。

对于旅客而言，共享住宿模式提供了多样化和个性化的选择。相比传统酒店，旅客可以根据自己的需求和喜好，选择不同风格、不同位置的住宿。例如，有些旅客偏好住在居民区，体验当地人的生活方式，而有些旅客则更注重住宿的独特性和个性化装饰。共享住宿平台的多样化选择满足了不同旅客的需求，提供了更加灵活的住宿方案。此外，许多共享住宿的房屋配备了厨房、洗衣机等设施，为旅客提供了更多便利和家庭般的舒适感。

共享住宿模式的崛起也在一定程度上推动了旅游业的发展。通过提供价格合理、选择多样的住宿选项，共享住宿吸引了更多游客，尤其是年轻游客和家庭游客。这些旅客往往对价格敏感，乐于尝试新的住宿体验。共享住宿平台不仅扩大了旅游市场的受众范围，还增加了游客的停留时间和消费水平，从而带动了当地经济的发展。

3. 共享办公模式

共享办公模式通过提供灵活、高效的办公解决方案，为企业和自由职业者创造了便捷的工作环境。共享办公平台提供设备齐全、设施完备的办公空间，使企业和个人可以按需租用，从而减少办公成本，提高工作效率。共享办公不仅提供了经济实惠的租赁方案，还通过一系列社群活动和资源共享，促进了企业间的合作和创新，形成了一个活跃的商业生态系统。

共享办公空间的核心优势在于其灵活性和高效性。传统的办公租赁模式通常需要企业签订长期租约，负担昂贵的装修和维护成本，这对初创公司和小型企业来说，负担尤为沉重。共享办公空间通过提供灵活的租赁期限，企业可以根据实际需求选择按日、按月甚至按小时租用办公空间，从而大大降低办公成本。此外，共享办公空间通常配备了先进的办公设备和完善的基础设施，如高速网络、会议室、打印设备和休闲区等，企业无需自行采购和维护这些设施，极大地提升了工作效率。

共享办公模式的另一个显著特点是其社群氛围和资源共享。共享办公空间不仅提供物理办公场所，还通过一系列社群活动和服务，营造出一个富有活力的商业社区。企业和自由职业者在共享办公空间中，可以通过社交活动、工作坊和专业讲座等方式，结识志同道合的伙伴，分享经验和资源，激发创新灵感。此外，共享办公空间还通过在线平台和社区经理，提供资源对接和合作机会，帮助企业拓展人脉和获取最新的行业资讯，促进了企业间的协同合作和创新发展。

（二）按需服务模式

按需服务模式是一种基于用户即时需求提供服务的新兴模式，用户通过移动应用和互联网平台，实现了服务的即时响应和高效交付，极大地提升了用户体验。

1. 外卖服务

在现代社会中，外卖服务的崛起标志着消费习惯和商业模式的重大转变。平台通过技术手段优化配送路线，提升配送效率，实现了餐饮外卖服务的快速响应和准时送达。

外卖服务的核心在于其高效的配送系统。平台通过建立先进的算法和数据分析系统，实时监控订单和配送进程，动态调整配送路线和配送人员的调度，从而大大提升了配送效率。这种高效的配送系统不仅确保了外卖的快速响应和准时送达，还极大地减少了配送过程中的资源浪费。配送人员通过移动应用程序接收订单和导航指引，可以快速到达餐饮店铺取餐，并将餐品迅速送达用户手中。这样的高效运作模式不仅提高了用户的满意度，还为平台和配送人员带来了更多的收益。

在用户体验方面，外卖服务极大地满足了现代消费者的即时需求。随着人们工作节奏的加快和生活方式的改变，越来越多的人倾向通过外卖平台订餐，以节省时间和精力。外卖服务的便捷性和快速性使得用户可以随时随地享用美食，无需亲自到餐厅排队等候。外卖平台通常提供丰富的餐饮选择，从快餐、简餐到高档餐饮，应有尽有，满足了不同用户的口味和需求。此外，外卖平台还提供各种优惠活动和会员服务，进一步提升了用户的消费体验和忠诚度。

对于餐饮企业而言，外卖服务提供了一个重要的增收渠道。在传统餐饮经营模式中，店铺的营业时间和地理位置对销售有很大的限制，而外卖服务突破了这些限制，扩大了餐饮企业的服务半径和营业时间。通过外卖平台，餐饮企业可以将产品和服务推广给更广泛的消费群体，显著增加销售额。此外，外卖平台的数据分析功能可以帮助餐饮企业了解消费者的偏好和需求，进行精准营销和产品优化，提高经营效率和竞争力。一些餐饮企业甚至专门设立了“外卖厨房”或“云厨房”，专注于外卖业务，以提高订单处理效率和客户满意度。

2. 即时配送服务

即时配送服务通过整合物流资源，实现了商品和服务的快速配送。例如，京东到家和达达等平台利用精准的资源调度和高效的配送网络，为用户提供了快速、可靠的配送服务。这种模式不仅满足了用户即时购物的需求，还提高了物流资源的利用效率，推动了物流行业的发展。这种服务的快速发展反映了消费者对于便利、高效的消费体验的追求，也反映了物流行业在数字化转型中的重要作用。随着消费模式和物流需求的不断变化，即时配送服务在未来仍将持续发展，并在推动物流行业转型升级、满足消费者需求方面发挥重要作用。

3. 家政服务

家政服务平台将家政服务人员和用户进行连接，让用户可以根据自己的需求，享受灵活、优质的家政服务。这种模式的出现不仅提高了家政服务的质量和效率，还为家政服务人员提供了更多的就业机会，提升了他们的收入和工作满意度。

从长远来看，这种家政服务平台模式的发展有助于推动整个家政服务行业的规范化和专业化发展。随着生活节奏的加快和人们对生活质量要求的提高，家政服务的需求将会继续增长，家政服务平台也将在不断完善和创新中更好地满足用户需求，促进家政服务行业的持续健康发展。

（三）订阅服务模式

订阅服务模式是一种基于周期性付费提供服务的新兴模式，通过定期收费和持续服务，为用户提供稳定的服务体验和高质量的服务内容。这种模式通过持续提供优质内容和定期更新个性化服务，提升了用户的黏性和满意度。

1. 流媒体服务

流媒体服务通过提供丰富的影视、音乐、书籍等内容，满足用户的娱乐和文化需求。订阅服务模式的出现不仅提高了内容的可获取性和便利性，还为内容创作者提供了稳定的收入来源，促进了内容产业的发展。流媒体服务的快速发展反映了用户追求个性、便捷的娱乐方式，也反映了数字技术对文化产业的深刻影响。随着数字技术的不断进步和用户需求的不断变化，流媒体服务在未来将继续发展壮大，为用户提供更丰富多样的内容选择，同时也推动文化产业朝着数字化、智能化方向迈进，呈现出更加多元化和繁荣的发展态势。

2. 在线教育

在线教育通过提供系统的课程和学习资源，满足用户的学习和成长需求。用户可以根据自己的兴趣和需求选择合适的课程进行学习。这种模式的出现不仅提升了教育资源的可获取性和学习的灵活性，也为教育机构提供了新的收入来源，推动了教育行业的创新和发展。在线教育的发展不仅改变了传统教育的形式，也促进了教育的全球化和普惠化。随着科技的不断进步和社会的快速发展，在线教育将继续蓬勃发展，为用户提供更高质量、更个性化的学习体验，同时也将推动教育理念和方法的革新，促进教育资源的全面开放和共享，为构建学习型社会作出积极贡献。

3. 数字内容订阅服务

数字内容订阅服务作为一种新兴的消费模式，正逐渐成为数字时代内容消费的主流方式。电子书、杂志、游戏等多样化的数字内容，满足了用户对信息获取和娱乐需求的不断增长。

从经济学的角度来看，数字内容订阅服务为内容创作者和出版商提供了一种新的商业模式。在这种模式下，内容提供者不再依赖于单次销售，而是通过用户的持续订阅获得稳定的收入。这种收入模式的转变，为内容产业带来了更加可持续的发展路径。同时，订阅服务模式也促进了内容质量的提升，因为内容提供者需要不断更新和优化其内容，以吸引和保留订阅用户。

在社会学的视角下，数字内容订阅服务反映了现代社会对于即时性和便捷性的追求。在这个信息爆炸的时代，用户对于信息的获取不再满足于传统的纸质媒介，而是转向了更加高效和便捷的数字渠道。数字内容订阅服务正是满足了这一需求，它不仅提供了海量的内容选择，还通过个性化推荐等技术手段提高了信息获取的效率和质量。

在技术层面，数字内容订阅服务的发展也推动了相关技术的进步，如云计算、大数据分析和人工智能等技术。这些技术的应用，使得内容订阅服务能够更好地理解用户的需求，提供更加精准的内容推荐。同时，这些技术也为内容的安全存储和快速分发提供了保障，确保了用户能够顺畅地访问所需的内容。

第四节　服务业的高质量发展路径

一、服务业转型与创新发展路径

（一）市场需求导向的自主研发

在当今科技革命和产业变革的浪潮中，服务业的发展已不再局限于传统的服务模式和流程。为了适应市场需求的变化，服务业必须以市场需求为导向，加强自主研发能力，推动颠覆性新技术的突破。这一过程不仅涉及对现有服务流程的优化，更关键的是对服务内容的创新。服务业应用大数据分析、人工智能等前沿技术，能够大幅提升服务的个性化和精准度的。例如，服务提供者通过深度学习算法可以更准确地预测客户需求，从而提供定制化的服务方案。此外，人工智能技术的应用还可以在客户服务中实现自动化，例如，聊天机器人提供 24 小时不间断的咨询服务，极大地提高了服务效率和客户满意度。

在服务内容的创新方面，服务业正逐步从提供单一服务向提供综合解决方案转变。这种转变要求服务提供者具备跨领域的知识和技能，能够整合不同领域的资源，为客户提供一站式的服务体验。例如，在健康医疗领域，服务提供者不仅需要提供医疗服务，还需要整合营养、心理、康复等多方面的服务，形成全面的健康管理方案。这种综合解决方案的提供不仅能够满足客户多元化的需求，还能够提升服务的市场竞争力。

同时，服务业的自主研发还应关注服务的可持续性和社会责任。在全球化和数字化的大背景下，服务业的发展不仅要追求经济效益，还要考虑社会和环境的可持续发展。因此，服务提供者在研发新技术和服务模式时，应考虑其对社会和环境的影响，力求实现经济效益、社会效益和环境效益的平衡。例如，在物流服务中，服务提供者可以优化配送路线和使用环保材料，减少碳排放，实现绿色物流。

（二）生产性服务业的价值链提升

在全球经济一体化的背景下，生产性服务业的发展已成为推动经济增长和产业升级的重要力量。生产性服务业，作为连接生产与消费的桥梁，其价值链的提升对于整个产业链的优化和升级具有至关重要的作用。为了适应新时代经济发展的需求，生产性服务业必须向专业化、高端化、数字化、平台化、多链融合化和产业集群化方向发展，这不仅是服务业自身转型升级的需要，也是制造业乃至整个经济体系提升竞争力的关键。

1. 专业化

随着市场需求的日益细分和个性化，服务提供者需要具备更加专业的知识和技能，以满足特定行业或领域的特殊需求。例如，在高端制造业中，对精密仪器的设计和维护要求极高，这就需要服务提供者具备深厚的专业技术背景和丰富的实践经验。专业化的服务可以有效增加整个产业链的附加值。

2. 高端化

随着科技的进步，高端服务业如研发设计、技术咨询、品牌营销等正成为推动产业升级的重要力量。这些高端服务不仅能够帮助企业提升产品和服务的竞争力，还能够促进技术创新和商业模式创新。例如，定制化的研发设计服务可以帮助企业开发更具市场竞争力的新产品，从而提升企业的市场份额和盈利能力。

3. 数字化

在数字经济时代，大数据、云计算、物联网等技术的应用正在改变服务业的面貌。服务提供者通过数字化转型可以实现服务流程的优化和效率的提升，同时也能够为客户提供更加精准和个性化的服务。例如，供应链管理系统的数字化可以帮助企业实现对物流、库存等环节的实时监控和智能调度，从而提高供应链的响应速度和灵活性。

4. 平台化

随着互联网技术的发展，服务平台正成为连接服务提供者和需求者的重要桥梁。构建服务平台可以实现资源的共享和优化配置，同时也能够促进服务的创新和多样化。例如，建立工业互联网平台可以实现制造业与服务业的深度融合，提供从设计、生产到销售的全链条服务。

5. 多链融合化

在全球产业链重构的背景下，服务提供者需要具备跨产业链的整合能力，以实现产业链的优化和升级，以及不同产业链之间的资源共享和协同创新，从而提升整个产业链的竞争力、整体效率和附加值。

6. 产业集群化

产业集群可以实现服务资源的集中和优化配置，同时也能够促进服务创新和产业升级。产业集群不仅能够提供更加专业和高效的服务，还能够形成良好的产业生态，促进企业之间的合作和竞争。例如，服务外包产业园区可以吸引大量的服务提供者和需求者，形成服务外包的产业集群，从而提升服务外包的规模和质量。

（三）生活性服务业的转型与升级

在快速变化的社会经济环境中，生活性服务业的转型与升级已成为提升居民生活质量、促进社会和谐发展的重要途径。生活性服务业，作为直接服务于人们日常生活的行业，其发展水平直接关系到人民群众的幸福感和获得感。为了适应新时代人们对美好生活的追求，生活性服务业必须向标准化、精细化、便捷化、多样化、特色化和品牌化方向转变，这不仅是服务业自身发展的需要，也是满足人民群众日益增长的美好生活需要的必然选择。

1. 标准化

建立统一的服务标准可以确保服务质量的稳定性和可靠性，从而提升消费者的信任度和满意度。例如，餐饮服务制定严格的食品安全标准和操作流程，可以保证食品的安全卫生，让消费者吃得放心。标准化还能够促进服务业的规范化管理，提高服务效率，降低运营成本。

2. 精细化

随着消费者需求的日益多样化和个性化，服务提供者需要提供更加细致和周到的服务，以满足消费者的个性化需求。例如，健康养老服务通过提供定制化的健康管理方案和个性化的护理服务，可以更好地满足老年人的健康和生活需求。精细化服务不仅能够提升服务质量，还能够增强服务提供者的市场竞争力。

3. 便捷化

在快节奏的现代生活中，消费者越来越追求服务的便捷性和高效性。服务提供者利用现代信息技术，如移动互联网、大数据分析等，可以实现服务的在线化和智能化，让消费者享受到更加便捷的服务体验。例如，消费者通过手机 APP 预约家政服务、在线购买电影票等，可以大大节省消费者的时间和精力。

4. 多样化

随着人们生活水平的提高，消费者对服务的需求也越来越多元化。服务提供者需要不断创新服务内容和服务方式，提供更加丰富多样的选择，以满足不同消费者的需求。例如，在文化娱乐服务中，除了传统的电影、音乐会等，还可以提供 VR 体验、互动游戏等新型娱乐方式，丰富消费者的文化生活。

5. 特色化

在全球化和市场竞争日益激烈的背景下，服务提供者需要打造独特的服务特色，形成自己的竞争优势。例如，在旅游服务中，服务提供者可以挖掘地方文化特色，提供特色旅游产品和服务，吸引更多的游客。特色化服务不仅能够提升服务提供者的品牌形象，还能够促进地方经济的发展。

6. 品牌化

品牌是服务提供者与消费者之间信任的桥梁，也是服务提供者市场竞争力的体现。服务提供者通过打造知名品牌可以提升消费者对服务的认知度和忠诚度，从而获得更大的市场份额。例如，在教育培训服务中，知名教育品牌可以吸引更多的学生和家长，提高教育服务的质量和影响力。

二、服务业与制造业、农业深度融合发展

（一）产业融合的顶层设计

1. 政府引导与市场机制相结合

在产业融合的顶层设计中，政府的引导作用与市场机制的结合是推动产业发展的关键。政府制定产业政策，明确支持和鼓励服务业与制造业、农业的融合发展。这些政策包括提供税收优惠、财政补贴等激励措施，以降低企业融合的成本和风险，激发市场主体的积极性。

同时，政府还应建立健全的市场机制，以确保市场在资源配置中的决定性作用。这意味着政府不仅要提供政策支持，还要通过完善市场准入规则、加强市场监管、保护知识产权等措施，营造公平竞争的市场环境。这样的市场环境能够促进资源的有效配置和利用，鼓励企业根据市场需求和竞争状况自主选择融合发展

的方向和方式。

此外，政府还应鼓励企业自主创新，通过市场竞争促进技术进步，推动产业升级。创新是产业融合的核心驱动力，政府可以通过设立创新基金、支持研发项目、建设创新平台等方式，为企业提供创新的动力和支持。

2. 现代服务业与先进制造业的耦合发展

现代服务业与先进制造业的耦合发展是产业融合的关键环节。现代服务业在这一过程中扮演着重要角色，它向制造业提供高效、专业的服务支持，如工业设计、物流配送、市场营销等服务，提升制造业生产效率和产品质量，降低生产成本。特别是在工业设计方面，现代服务业可以提供创新设计理念和技术支持，帮助制造业开发出更具市场竞争力的产品，提升产品附加值。此外，现代服务业的市场营销服务也对制造业的产品推广和销售起着重要作用，为制造业开拓更广阔的市场空间提供支持。

同时，制造业也应积极支持现代服务业的发展。制造业可以向服务业提供技术支持，共同研发新产品或新技术，促进服务业的创新和发展。例如，制造业可以将自身的先进技术应用于服务业中，推动服务业的数字化、智能化发展，提升服务质量和效率。另外，制造业还可以与服务业合作，共同开发面向市场需求的新产品或服务，拓展市场空间，实现双赢局面。

在产业融合发展过程中，政府应加强对现代服务业和先进制造业的政策支持和引导，促进两者之间的良性互动。政府可以制定相关政策，鼓励现代服务业与制造业的合作与创新，推动两者间的技术交流与人才流动，加快产业升级和转型。同时，政府还可以提供资金支持和税收优惠等措施，鼓励企业加大研发投入，推动产业技术创新，促进产业结构优化和经济转型升级。

（二）现代服务业与乡村产业振兴

1. 乡村休闲旅游的发展

（1）乡村旅游对乡村经济的推动作用

乡村休闲旅游的发展不仅能够带动当地农民增加收入，还能够促进乡村经济的发展。随着城市人口对休闲度假需求的增加，乡村旅游已经成为人们休闲度假的重要选择之一。现代服务业可以通过提供专业的旅游规划、导游、住宿、餐饮等服务，为乡村休闲旅游提供全方位的支持。同时，乡村旅游的发展也会带动当地相关产业的发展，如农副产品加工、手工艺品制作等，从而推动乡村产业的振兴。

（2）乡村旅游对乡村文化传承和创新的促进作用

乡村休闲旅游的发展还可以促进乡村文化的传承和创新。乡村具有丰富的历史文化和民俗文化资源，通过开展文化活动、传统节日庆典等活动，可以吸引更多游客前来参观体验，从而推动乡村文化的传承和创新。现代服务业可以通过提供文化活动策划、文化产品开发等服务，为乡村文化的传承和创新提供支持。

2. 文化创意产业的融合发展

文化创意产业是现代服务业与乡村产业振兴相结合的重要成果之一。挖掘乡村的历史文化资源和民俗文化，开发具有地方特色的文化创意产品，可以为乡村经济发展注入新的活力。现代服务业可以通过提供文化创意设计、生产、营销等服务，支持乡村文化产业的发展。同时，政府也可以加大对文化创意产业的扶持力度，推动乡村文化创意产业的融合发展。

三、构建服务业空间新格局

（一）服务业空间布局优化

1. 国内区域城市群建设

政府建设国内区域城市群，打造综合型、国家级的现代服务经济中心，需要在城市规划、基础设施建设等方面提供全方位的支持。首先，政府可以通过制定相关政策，引导和支持区域城市群的发展规划，确保城市群内部城市间协调发展。其次，政府可以加大对基础设施建设的投入，包括交通、能源、通信等方面的基础设施建设，提升城市群的整体竞争力和吸引力。同时，政府还可以加强对现代服务业的扶持和引导，鼓励企业投资服务业，形成服务业发展的增长极。这包括提供税收优惠、财政补贴等激励措施，同时建立健全市场机制，鼓励企业自主创新。通过政府的支持和企业的投资，国内区域城市群可以逐步发展成为现代服务经济中心，推动整个区域经济的快速发展。

2. 自贸区（港）建设

自贸区（港）可以通过政策创新吸引外资企业投资服务业，同时鼓励本地企业走出去，提升服务业的国际竞争力。首先，政府可以制定优惠政策，包括税收优惠、减免行政审批等，吸引外资企业在自贸区（港）设立业务或总部。其次，政府可以加强对自贸区（港）内服务业的监管和规范，建立健全法律法规体系，保障企业的合法权益。同时，政府还应加大对本地企业的扶持力度，鼓励其通过自贸区（港）平台拓展国际市场，提升服务业的国际竞争力。

（二）区域服务业联动发展

1. 区域服务业发展的增长极

在区域经济一体化的浪潮中，服务业的发展已成为推动地区经济增长的重要引擎。为了形成区域服务业发展的增长极，政府在区域协调发展、产业转移等方面扮演着至关重要的角色。政府通过制定和实施一系列政策措施，打破行政壁垒，促进资源的跨区域流动和优化配置，为服务业的发展创造有利条件。这些政策不仅包括财政、税收等经济手段，还包括基础设施建设、人才培养和科技创新等方面的支持，以确保区域间的协同效应得以充分发挥。

同时，政府还应鼓励企业进行跨区域合作，这种合作不仅限于资本和技术的交流，更应涵盖市场开拓、品牌共建、服务创新等多个层面。企业通过跨区域合作能够共享资源、分散风险、提高效率，从而提升服务业的整体竞争力。这种合作模式有助于形成区域服务业发展的增长极，推动服务业向更高质量、更高水平发展。

此外，为促进区域服务业的联动发展，区域间还需要加强信息交流和经验分享。政府可以通过建立区域合作平台，举办论坛、研讨会等活动，促进不同地区服务业之间的交流与合作。这些平台不仅能够帮助企业及时了解市场动态，还能够促进区域间的知识转移和技术扩散，加速服务业创新和升级。

在推动区域服务业发展的过程中，还需要重视区域特色和差异化发展。每个地区都有其独特的资源禀赋和产业基础，政府应引导和支持各地区根据自身条件，发展具有区域特色的服务业。这种差异化发展不仅能够提升区域服务业的竞争力，还能够促进区域经济的多元化发展，增强区域经济的抗风险能力。

2. 城镇服务业特色化发展

在城镇化的进程中，服务业的发展已成为推动城镇经济增长和提升居民生活质量的关键因素。然而，随着城镇化的加速，服务业同质化现象日益严重，盲目攀比和模仿导致许多城镇失去了自身的特色和竞争力。为了促进城镇服务业特色化发展，地方政府在城镇规划、产业定位等方面扮演着至关重要的角色。地方政府需要通过科学规划和精准定位，引导城镇服务业发展与本地资源禀赋、历史文化、市场需求等紧密结合，形成独特的服务品牌和市场定位。

政府在城镇规划中应注重保护和利用本地文化资源，将文化元素融入服务业发展之中，打造具有地方特色的服务产品。同时，政府还应支持企业根据本地特色发展服务业，鼓励企业在服务内容、服务方式、服务体验等方面进行创新，提升服务业的品牌价值和市场竞争力。这种特色化发展不仅能够满足消费者多样化的需求，还能够促进城镇经济的可持续发展。

此外，政府还应建立健全市场机制，鼓励和引导社会资本投资城镇服务业，特别是那些具有地方特色和创新潜力的服务业领域。通过市场机制的作用，可以促进资源的优化配置，激发企业的创新活力，推动城镇服务业向高质量、高效率、高附加值方向发展。

在推动城镇服务业特色化发展的过程中，还需要加强人才培养和引进。政府应支持教育机构与企业合作，培养适应服务业特色化发展需要的高素质人才。同时，政府还可以制定优惠政策，吸引和留住服务业领域的专业人才，为城镇服务业的发展提供人才保障。

第五章　数字经济与电子商务对现代服务业的影响

第一节　数字经济对服务业的影响

一、数字经济与服务业融合发展

（一）数字技术为服务业创新提供新动力

数字技术的快速发展为服务业创新提供了强大动力。首先，大数据分析技术使服务企业能够更加深入地了解消费者需求，把握消费者的偏好和行为习惯，从而更精准地提供个性化服务，提升服务品质。其次，人工智能技术的应用使得服务业能够实现更智能化的管理和运营。例如，服务企业利用人工智能技术，可以提供24小时在线客服服务，极大地提升了服务效率和用户体验。另外，物联网技术的发展也为服务业创新提供了新思路。服务企业通过物联网技术可以实现设备互联互通，设备状态实时监测和远程控制，提高了服务效率和产品质量。

（二）数字经济为服务业拓展了发展空间

数字经济的发展使得服务业不再受限于传统的线下场所，拓展了其发展空间。首先，互联网和移动互联网技术的普及使得服务业可以通过在线平台进行跨地域、跨时区的服务。例如，用户可以在线预订酒店、机票，不再受限于地域和时间。其次，数字经济的发展促进了服务业与其他产业的深度融合。例如，服务业与电子商务的深度融合，使得传统服务业可以通过电子商务平台拓展销售渠道，实现线上线下融合发展。另外，数字经济的发展也催生了服务新业态，如共享经济、在线教育等，进一步丰富了服务业的发展空间。

（三）数字经济为服务业提供了新的增长点

随着消费者对个性化、定制化服务的需求增加，数字经济为服务业提供了新的增长点。首先，数字经济使得服务业能够更好地满足消费者多样化的需求。通过数字化手段，服务企业可以根据消费者的个性化需求，提供定制化的服务，从而吸引更多消费者，拓展了市场空间。其次，数字经济的发展促进了服务业与其他行业的融合创新。例如，服务业与制造业的深度融合，使得制造业企业可以通过服务化的方式，提供增值服务，实现产业链的延伸和服务业的拓展。最后，数字经济的发展也催生了新的商业模式，如共享经济、平台经济等，为服务业提供了新的增长点。

二、数字经济推动服务业转型升级

（一）数字技术改变了服务业的生产方式和经营模式

1. 生产过程的数字化管理

在数字经济的浪潮中，生产过程的数字化管理已成为服务业转型升级的关键驱动力。ERP（企业资源计划）、CRM（客户关系管理）等信息化管理系统使得服务业实现对服务流程的全面监控和管理。这些系统如同精密的指挥中枢，将企业内部的各种资源集成于一体，通过数据驱动的决策支持，优化资源配置，显著提高了服务效率。在服务流程的每一个环节，从客户需求的捕捉到服务交付的完成，数字化管理系统的应用确保了信息的实时流通和资源的合理调度，从而提升了服务的响应速度和质量。

此外，数字技术的应用还使得服务业能够实现远程监控和维护。远程服务模式不仅改变了服务提供的方式，还推动了服务业的创新和升级。服务提供者通过远程监控和维护能够实时响应客户需求，及时解决服务过程中出现的问题，确保服务质量不受影响。

在深入探讨生产过程的数字化管理时不难发现，这一过程不仅仅是技术层面的革新，更是服务理念和商业模式的深刻变革。数字化管理系统的引入促使服务业从传统的以产品为中心转向以客户为中心，从批量生产转向个性化定制，从单一服务提供转向生态系统构建。这种转变不仅提升了服务业的竞争力，也为消费者带来了更加丰富、高效和个性化的服务体验。

2. 智能化控制与服务优化

在当今这个信息化、智能化的时代，服务业正经历着一场深刻的变革。智能化控制与服务优化成为推动服务业创新发展的重要引擎，服务业得以实现服务的智能化控制，这一过程不仅提升了服务的效率，也极大地增强了服务的个性化和精准性。

以智能调度系统为例，它如同一位精明的指挥官，能够根据实时数据自动调整服务资源，优化服务流程。这种系统能够预测服务需求的高峰和低谷，智能分配人力和物力资源，确保服务的高效运行。在服务过程中，智能调度系统能够实时监控服务状态，及时响应突发事件，保障服务的连续性和稳定性。

同时，智能分析工具的应用也为服务优化提供了强有力的支持。这些工具能够对海量的服务数据进行深度挖掘，如同探矿者在数据的山脉中寻找宝贵的矿石，帮助企业发现服务过程中的瓶颈和问题。企业通过对服务数据的细致分析，能够洞察消费者的行为模式和偏好，预测市场趋势，从而进行针对性的改进，提升服务质量。

智能化控制与服务优化的实践不仅仅是技术层面的革新，更是服务理念和商业模式的深刻变革。它要求服务业从传统的以产品为中心转向以客户为中心，从单一的服务提供转向全方位的服务体验构建。在这个过程中，服务提供者需不断地学习和适应，将智能化技术融入服务的每一个细节，以满足消费者日益增长的物质和精神需求。

（二）数字经济促使服务业实现产业升级

1. 服务流程的优化

在数字技术的浪潮中，服务流程的优化成为服务业提升竞争力的关键。数字技术的应用如同一位精明的雕塑家，将服务流程雕琢得更加精致和高效。服务业通过实现服务流程的标准化和模块化，得以将复杂的流程分解为一系列可重复使用的模块，这些模块如同乐高积木，可以根据不同的服务需求灵活组合，极大地提高了服务的灵活性和响应速度。

流程再造是服务流程优化的重要手段，它如同一场深刻的革命，对原有的服务流程进行审视和重构。在这一过程中，不必要的环节被精简，冗余的操作被剔除，服务流程变得更加简洁高效。这种优化不仅减少了资源的浪费，也缩短了服务交付的时间，提升了服务的整体效率。

大数据分析的应用为服务流程的优化提供了强有力的支持。海量数据的分析能够精准预测客户的需求，洞察市场的脉动。基于这些洞察，服务业可以实现服务的个性化和差异化，满足不同客户群体的独特需求。这种个性化的服务不仅提升了客户的满意度，还增强了客户的忠诚度，为服务业的长远发展奠定了坚实的基础。

2. 服务品质的提升

在数字化的浪潮中，服务品质的提升成为服务业竞争力的核心。数字技术的引入如同一位精明的舵手，引领服务业驶向精准和高效的新航道。智能推荐系统是数字技术应用的典范，它如同一位细心的导购，通过分析用户的历史行为和偏好，能够精准地推荐最符合用户需求的服务或产品。这种个性化推荐不仅提升了用户体验，也极大地提高了服务的转化率和满意度。

数字技术的应用还赋予了服务业实时监控和反馈的能力。服务提供者通过实时监控可以及时发现服务中出现的问题，确保服务质量始终如一。而实时反馈机制，则使得用户的声音能够迅速传达给服务提供者，从而及时调整和优化服务策略。

此外，服务品质的提升还需要服务业建立起一套完善的质量管理体系。这包括但不限于服务标准的制定、服务流程的优化、员工培训的加强以及客户反馈机制的建立。这些措施能够确保服务的一致性和可靠性，提升客户的信任度和忠诚度。

三、数字经济对服务业创新的驱动作用

（一）数字技术为服务业创新提供了技术支持

1. 人工智能技术的应用

在人工智能（AI）技术的浪潮中，服务业迎来了一场深刻的变革。AI 技术的发展，赋予了服务业强大的数据处理和分析能力。服务提供者能够从海量的数据中提炼出珍贵的信息，预测市场趋势，洞察消费者行为。这种能力使得服务业能够以前所未有的精准度和速度响应市场变化，优化服务策略，提升服务质量。

AI 技术的另一项重要应用是自然语言处理，它使得机器能够理解和运用人

类的语言。聊天机器人等工具能够与消费者进行更加自然和高效的沟通，提供24小时在线的客户服务，解答客户的疑问，并提供帮助。这种全天候的服务不仅增强了用户体验，也极大地提升了服务的可及性和便捷性。

2. 大数据分析的推动作用

大数据分析技术在推动服务业发展方面发挥着重要作用。首先，大数据分析技术为服务业提供了深入了解消费者的途径。服务提供者通过分析大数据，可以了解消费者的购买习惯、偏好和行为特征，从而更好地把握市场需求，精准定位服务产品。其次，大数据分析技术可以帮助服务提供者进行精准营销。服务提供者通过分析大数据，可以制定个性化营销策略，提高营销效率，实现精准营销。再次，大数据分析技术还可以帮助服务提供者提升服务质量。通过分析大数据，服务提供者可以及时发现和解决问题，提高服务质量和客户满意度。最后，大数据分析技术可以帮助服务提供者进行业务决策。通过分析大数据，服务提供者可以了解市场趋势和竞争对手情况，制定合理的业务发展策略，提升竞争力。综上所述，大数据分析技术在推动服务业发展方面发挥着重要作用，有助于提高服务质量和效率，实现服务的个性化和精准化，推动服务业向数字化、智能化方向发展。

（二）数字经济改变了服务业的竞争格局

1. 新型服务提供者的崛起

随着互联网技术的不断发展，新兴的互联网企业正以其灵活的商业模式和先进的技术手段迅速进入传统服务业市场，为消费者提供更加便捷、高效的服务。这些新型服务提供者通常采用平台化运营模式，通过构建生态系统吸引大量用户和合作伙伴，形成强大的网络效应，对传统服务业构成了巨大挑战。

首先，共享经济平台是一个显著的例子。共享经济平台通过互联网技术，构建了庞大的服务网络，改变了人们的出行、餐饮等消费习惯。这些平台利用大数据和人工智能等技术，实现了资源的合理配置，提高了服务效率，降低了成本，从而获得了广泛的用户认可和市场份额。其次，互联网金融企业也是新型服务提供者中的重要一员。互联网金融企业为消费者提供了便捷、安全的支付服务，改变了传统金融行业的格局。这些互联网金融企业利用大数据和人工智能技术，为用户提供个性化的金融服务，满足了用户多样化的金融需求。最后，互联网教育、互联网医疗等新型服务领域也在不断涌现。互联网教育平台如学堂在线、网易云课堂等，通过线上课程和教育资源，为学习者提供了灵活、高效的学习方式；互联网医疗平台的线上医疗咨询和挂号服务，让用户享受到便捷、及时的健康服务。这些新型服务提供者的崛起推动了传统服务业向数字化、智能化转型，提升了服务业的整体水平。这些新型服务提供者通常采用平台化运营模式，通过构建生态系统吸引大量用户和合作伙伴，形成强大的网络效应，对传统服务业构成挑战。

2. 传统服务业的创新压力

面对新型服务提供者的崛起，传统服务业被迫加快数字化转型的步伐以提升服务质量和效率。传统服务业正在引入新技术和新模式来应对挑战。例如，传统服务业通过增加移动支付、在线预约等服务，努力提升服务的便利性。同时，传统服务业也在通过数据分析优化服务流程，努力提高客户的满意度。

面对挑战，传统服务业需要克服技术更新换代带来的学习成本和适应期，以及传统文化与现代科技的融合问题。此外，随着新技术的发展，服务业还需应对数据安全和隐私保护等方面的挑战。因此，传统服务业需要不断创新，不断优化服务模式，才能在激烈的市场竞争中立于不败之地。

第二节　电子商务在服务业中的应用

一、电子商务在服务业中的应用现状

（一）电子商务服务业的概念

1. 电子商务服务业的定义与范围

（1）电子商务服务业的定义

电子商务服务业是伴随电子商务的发展而衍生出来的一种新型服务行业体系，它基于信息技术为电子商务活动提供全面支持。它不仅是电子商务系统的重要组成部分，也是促进电子商务应用和创新发展的基础力量。电子商务服务业涵盖了多个行业，包括技术支持、交易服务、业务支持等，构成了电子商务生态系统中的关键环节。

（2）电子商务服务业的范围

在电子商务服务业的框架下，硬件、软件和网络基础设施是其赖以生存的基础。这些基础设施为电子商务企业和个人提供了全面的服务支持，涵盖了从交易服务到信息技术系统服务的广泛内容。电子商务服务业的形式主要以电子商务平台为核心，通过整合多种衍生服务，形成一个完善的服务网络，为电子商务的发展提供坚实的支持。

2. 电子商务服务业的组成部分

（1）硬件支持

硬件是电子商务服务业的重要组成部分，包括服务器、网络设备、数据存储设备等。这些硬件设备为电子商务平台的运行提供了必要的物理支持，确保了平台的稳定性和可靠性。

（2）软件支持

软件在电子商务服务业中扮演着关键角色。电子商务平台需要一系列的软件支持，包括操作系统、数据库管理系统、应用程序等。这些软件系统的开发和维护是电子商务服务业的重要内容，直接影响到电子商务平台的功能和用户体验。

（3）网络支持

网络是电子商务服务业的基础设施。高速、稳定的网络连接确保电子商务平台可以实现全球范围内的交易和服务。网络支持不仅包括物理网络的建设，还包括网络安全、网络优化等内容，确保电子商务平台的安全性和高效性。

3. 电子商务服务业的功能

（1）交易服务

交易服务是电子商务服务业的核心功能之一。企业和消费者通过电子商务平台可以进行商品和服务的在线交易。交易服务包括在线支付、订单管理、物流配送等环节。

（2）业务支持服务

业务支持服务为电子商务企业提供了广泛的支持，包括客户关系管理（CRM）、供应链管理（SCM）、企业资源规划（ERP）等。这些服务帮助企业优化运营流程，提高效率，增强竞争力。

（3）信息技术系统服务

信息技术系统服务为电子商务平台的运行提供了技术支持，包括系统开发、系统维护、数据分析等。电子商务平台通过信息技术系统服务可以实现个性化推荐、智能搜索、数据挖掘等功能，提高用户体验和平台价值。

（二）服务业电子商务的应用现状

1. 电子商务在服务业中的迅速发展

（1）电子商务与商务活动的结合

随着互联网技术的不断发展，电子商务在服务业中的应用越来越广泛。电子商务的迅速发展，使得商务活动能够在网络上进行“看不见”的交易，极大地满足了人们随时购物的需求。当前，网上购物已成为消费者最为青睐的消费方式，各类电子商务平台不断涌现，为消费者提供了便捷的购物渠道。

（2）电子商务平台的多样化

目前，网络上存在各类店铺，涵盖了从日常用品到高端奢侈品。消费者可以通过电子商务平台轻松地进行商品的选择和购买，比较各类商品的质量、价格和服务等方面的价值。这种交易方式不仅方便了消费者，也为商家带来了更多的盈利机会。

2. 商家与消费者之间的电子商务交易

（1）网上交易的便捷性

通过电子商务平台，商家和消费者可以随时随地进行交易。消费者可以通过网络了解商品信息、比较价格、下单购买，商家则可以通过平台发布商品信息、管理订单、进行销售。这种交易方式提高了交易的效率，降低了交易的成本。

（2）交易安全与信誉保障

在电子商务交易中，交易的安全性和信誉保障是关键问题。电子商务平台通常会采取一系列措施，如支付安全保障、交易纠纷处理机制等，确保交易的安全性和公平性。同时，消费者可以通过平台查看商家的信誉评价，以做出更为明智的购买决策。

3. 商家与商家之间的电子商务交易

（1）企业间合作的便捷性

电子商务不仅促进了商家与消费者之间的交易，也方便了商家与商家之间的合作。企业可以通过电子商务平台找到潜在的合作伙伴，进行业务洽谈和合作。电子商务平台提供了一个开放的交流平台，企业可以在平台上展示自己的产品和服务，寻求更多的合作机会。

（2）供应链管理的优化

企业通过电子商务可以优化供应链管理，提高供应链的效率和透明度。企业可以通过电子商务平台与供应商进行实时沟通，了解供应链的各个环节，及时调整生产和销售策略，提高供应链的反应速度和效率。

4. 电子商务对企业内部管理的影响

（1）内部管理系统的建设

电子商务的发展促使企业建立起完善的内部管理系统。通过信息技术，企业可以实现对人员、商品、财务等各个方面的管理，提升企业的运营效率。内部管理系统的建设不仅提高了企业的管理水平，也增强了企业的竞争力。

（2）公共关系的处理

在电子商务环境下，企业需要更加重视公共关系的处理。企业可以通过电子商务平台及时了解消费者的反馈和需求，进行有效的公关处理，提升企业的品牌形象和声誉。

5. 电子商务对物流和支付的要求

（1）物流的速度和质量

电子商务的发展对物流提出了更高的要求。消费者期望在最短的时间内收到购买的商品，因此，企业需要建立高效的物流体系，确保商品的快速配送和高质量的服务。物流的速度和质量成为电子商务企业竞争的关键因素之一。

（2）支付的安全和便捷

支付是电子商务交易的重要环节，支付的安全性和便捷性直接影响消费者的购物体验。电子商务平台通常会提供多种支付方式，如在线支付、货到付款等，满足消费者的不同需求。同时，平台会采取多种安全措施，确保支付过程的安全性和可靠性。

6. 电子商务服务业的整合与发展

（1）内部和外部应用的整合

当前，电子商务服务业需要整合内部和外部的综合应用，使各个部分更加融合，提升操作的效率和效果。通过整合内部管理系统和外部服务平台，企业可以实现资源的优化配置，提高服务的整体水平。

（2）未来发展的方向

随着技术的不断进步，电子商务服务业将继续发展。未来电子商务服务业将更加注重个性化服务、智能化管理和全球化运营。企业需要不断创新，提升技术水平和服务质量，才能在激烈的市场竞争中保持优势。

二、服务业电子商务的影响分析

（一）服务业电子商务的积极影响

1. 提供更方便的服务平台

（1）24/7 全天候服务

在数字化浪潮的推动下，电子商务的兴起彻底改变了服务业的运作模式，尤其是全天候服务的实现，极大地拓展了服务的时间和空间边界。传统服务业往往受限于固定的营业时间和地理位置，这限制了服务的可及性和灵活性。然而，随着互联网技术的普及和电子商务平台的发展，企业能够提供 24/7 的全天候服务，满足消费者的需求。

全天候服务的实现，首先得益于互联网的无边界特性。通过网络平台，企业可以跨越地理界限，触及全球范围内的潜在客户。这种服务模式的转变不仅为消费者提供了极大的便利，也使得企业能够更有效地利用资源，提高服务效率。例如，在线教育平台可以提供随时可访问的学习资源，使得学习不再受时间和地点的限制，从而提高了教育的可及性和灵活性。其次，全天候服务的普及也得益于移动设备的普及和网络速度的提升。智能手机和平板电脑的广泛使用，使得消费者可以随时随地通过移动应用程序访问服务。这种便捷性不仅提升了消费者的体验，还促进了服务业的创新和发展。例如，移动支付的普及使得消费者可以随时进行交易，无须担心银行营业时间或现金携带的问题。此外，全天候服务的实现也对服务业的运营管理提出了新的挑战。企业需要确保在任何时间都能够提供高质量的服务，这要求企业在人力资源管理、技术支持和客户服务等方面进行相应的调整和优化。例如，企业可能需要采用自动化工具来处理常规咨询，同时确保有足够的人力资源来应对复杂或紧急的情况。

（2）个性化服务的实现

在数字经济的浪潮中，个性化服务已成为电子商务领域的一项核心竞争力。电子商务平台通过深入的数据分析能够洞察客户的内在需求和偏好，进而提供量身定制的服务体验。这种服务模式的核心在于对海量用户数据的挖掘与应用，它超越了传统的一刀切式服务，转而追求更为精准和个性化的互动。

个性化服务的实现，首先依赖于强大的数据处理能力。企业通过收集和分析客户的购买记录、浏览行为、搜索习惯等数据，构建起详尽的用户画像。这些画像如同客户的数字指纹，揭示了他们的消费模式和潜在需求。基于这些信息，企业可以精准地推送产品和服务，确保每一次互动都能触达客户的内心。其次，个性化服务的提供也考验着企业的创新能力。在数据分析的基础上，企业需要设计出能够满足特定需求的个性化产品和服务。例如，在线零售商可能会根据客户的购物历史推荐搭配商品或提供专属折扣；而在线教育平台则可能根据学生的学习进度和兴趣，定制个性化的课程内容和学习路径。最后，个性化服务还涉及对保护客户隐私和数据安全的考量。在追求个性化体验的同时，企业必须确保客户数据的安全性和隐私性，避免因数据泄露或滥用而损害客户信任。这要求企业在数据收集、存储和使用过程中，严格遵守相关法律法规，并采取有效的安全措施。

（3）增强竞争力

在当今这个数字化迅速发展的时代，电子商务平台已成为企业增强竞争力的关键工具。它不仅为企业提供了一个全新的服务渠道，还通过数据驱动的个性化服务极大地提升了客户体验，使企业在激烈的市场竞争中占据了一席之地。

电子商务平台的这一特性，使得企业能够以前所未有的速度和效率满足客户的多样化需求，进而扩大市场份额，提高品牌影响力。

电子商务平台的优势首先体现在其便捷上。通过网络，企业能够跨越地理界线，触及全球范围内的潜在客户。这种无边界的服务模式不仅为消费者提供了极大的便利，也使得企业能够更有效地利用资源，提高服务效率。例如，消费者可以随时随地通过电子商务平台进行购物，无需受限于实体店铺的营业时间和地理位置。其次，电子商务平台的数据分析能力使得企业能够提供个性化的服务。通过对用户进行行为数据的深入分析，企业可以洞察客户的内在需求和偏好，进而提供量身定制的服务体验。这种精确的服务不仅能提升客户的满意度，还能增加客户的忠诚度和黏性，为企业带来持续的竞争优势。最后，电子商务平台的灵活性和响应速度也是其增强竞争力的关键因素。在快速不好的市场环境中，企业需要迅速调整策略，以应对不断变化的客户需求和市场趋势。电子商务平台使得企业能够快速推出新产品和服务，以及捕捉市场机会，从而在竞争中保持领先地位。

2. 通过互联网传播服务业的有效信息

（1）信息传播的广泛性

在数字化时代，信息传播的广泛性已成为电子商务平台的一项重要特征，它极大地拓展了企业的市场推广能力。通过互联网这一无边界的信息高速公路，服务业的信息得以迅速传播至全球各个角落，使得企业能够以前所未有的方式推广自己的服务和品牌。电子商务平台利用其强大的网络效应，将市场营销活动推向了一个新的高度，使得企业能够更加精准和高效地触达潜在客户。

电子商务平台的信息传播能力首先体现在其多样化的营销渠道上。企业可以利用社交媒体、搜索引擎优化、电子邮件营销、内容营销等多种手段，构建起一个多层次、全方位的市场推广网络。这些渠道不仅能够帮助企业扩大信息的覆盖范围，还能够根据不同渠道的特点，有针对性地传递信息，提高营销的精准度。

社交媒体作为信息传播的重要平台，其影响力不容小觑。企业通过在社交媒体上发布推广内容，可以迅速吸引大量用户的关注，增加品牌的曝光度和市场的知名度。社交媒体的互动性也使得企业能够与消费者建立更为直接和紧密的联系，通过用户生成内容（UGC）和口碑传播，进一步放大品牌的影响力。

搜索引擎优化则是另一种有效的信息传播方式。企业通过优化网站内容和结构，可以提高其在搜索引擎结果页（SERP）中的排名，从而吸引更多的有意向的访问者。搜索引擎营销（SEM）则通过付费广告，使得企业的推广信息能够在用户搜索相关关键词时立即呈现，这种即时性和相关性极大地提高了营销的效率。

电子邮件营销虽然传统，但依然是一种有效的信息传播工具。企业通过精心设计的邮件内容和个性化的推送，可以维护与其现有客户的关系，同时也可以吸引潜在客户。电子邮件营销的精准性和成本效益，使其成为许多企业市场推广策略中不可或缺的一部分。

（2）增强企业与客户之间的互动

在当今的数字化环境中，增强企业与客户之间的互动已成为提升服务质量和客户满意度的关键因素。信息的广泛传播不仅为企业开辟了新的市场渠道，更为企业与客户之间搭建了一座沟通的桥梁，使得双方的互动更加频繁和深入。客户通过互联网能够轻松获取企业的服务信息，进行详尽的比较和选择，而企业也能够实时接收客户的反馈和需求，及时调整和优化服务策略。

电子商务平台在这一过程中扮演了至关重要的角色。它不仅提供了一个信息交流的平台，还通过各种互动工具和机制，如在线聊天、客户评价系统、社交媒体互动等，促进了企业与客户之间的双向沟通。这种互动不仅限于交易过程中的服务咨询和售后支持，更延伸到了客户参与产品设计、市场调研和品牌建设等多个层面。

客户通过互联网对企业服务的了解不再局限于单一的信息接收，而是能够参与到服务的评价和改进中。客户的反馈成为企业改进服务质量的宝贵资源。企业通过分析客户的评价和建议，可以发现服务中的不足之处，进而采取措施进行改进。这种基于客户反馈的服务优化不仅提升了客户体验，还增强了客户对企业的信任度和忠诚度。

同时，企业通过电子商务平台与客户保持持续的沟通和互动，能够更好地理解客户的需求和偏好。这种深入的了解使得企业能够提供更加个性和精准的服务，满足客户的特定需求。例如，企业通过数据分析可以预测客户的行为模式，提前为客户提供定制化的服务建议，从而提升客户的满意度和忠诚度。

（3）提升市场营销效果

在数字化时代，互联网的精准营销能力已成为企业提升市场营销效果的关键。企业通过深入分析客户的行为数据和兴趣偏好，能够制定出更加精准的市场营销策略，将广告和推广信息精确地传递给那些最有可能产生购买行为的潜在客户。这种精准营销不仅极大地提高了市场营销的效率和效果，还有效地节省了营销成本，使得企业能够在竞争激烈的市场中脱颖而出。

搜索引擎优化和搜索引擎营销是实现精准营销的重要手段。通过优化网站内容和结构，企业可以提高在搜索引擎结果页中的排名，使得当客户搜索相关服务时，企业的服务信息能够优先展示。这种基于用户搜索意图的营销方式，能够直接触达那些已经表现出购买意愿的客户，从而提高转化率。

此外，社交媒体营销也是提升市场营销效果的有效途径。社交媒体平台拥有庞大的用户基础和丰富的用户行为数据，企业可以通过这些数据来了解用户的兴趣和行为模式，进而制定出针对性的营销策略。在社交媒体上，企业不仅可以发布推广内容，还可以通过互动和用户生成内容（UGC）来增强品牌与客户之间的联系，提升品牌的认知度和好感度。

电子邮件营销也是一种有效的精准营销工具。通过个性化的邮件内容和定时推送，企业可以维护与现有客户的关系，同时也可以吸引新的潜在客户。

3. 无纸化操作的优点

（1）降低运营成本

在当今的商业环境中，降低运营成本是企业持续发展的关键策略之一。电子商务的兴起为企业提供了一种全新的运营模式。企业通过电子化技术实现了无纸化操作，从而在多个层面上显著节省了运营成本。传统服务业中，大量的纸质文档，如合同、订单、发票等，不仅消耗了大量的资源，还增加了存储和管理的复杂性。电子商务通过电子文档和系统化管理，有效地替代了这些繁琐的纸质流程，不仅减少了纸张的使用，降低了成本，还极大地提高了信息的传递速度和准确性。

无纸化操作的优势不仅在于成本的节约，更在于其对工作效率的提升。电子文档可以迅速地在系统中流转，减少了传统纸质文档在传递过程中的时间延迟。此外，电子化管理系统能够自动记录和追踪文档的状态，减少了人工处理的错误，提高了工作的准确性。这种高效的信息管理方式，使得企业能够更快地响应市场变化，提升整体运营效率。

（2）提高信息传递速度和准确性

在数字化转型的浪潮中，提高信息传递的速度和准确性已成为企业提升竞争力的关键因素。电子商务平台以其高效的信息处理能力，为企业提供了一个实时传递和共享信息的理想环境。合同、订单和发票等关键文件可以即时发送和接收，消除了传统纸质文档邮寄过程中不可避免的延迟和丢失风险。这种即时性的信息传递极大地提升了企业内部以及与客户、供应商之间的沟通效率。

电子文档的使用不仅加快了信息传递的速度，还通过系统自动生成和管理，显著提高了信息的准确性。在传统的手工处理过程中，人为错误是难以避免的，而电子化系统能够通过预设的规则和算法，自动校验数据的准确性，从而减少错误的发生。例如，企业的财务部门可以利用电子商务平台实时获取销售数据和订单信息，这些数据可以直接与财务系统对接，实现快速而准确的财务核算和报表生成。这种自动化的数据处理方式不仅提高了工作效率，还确保了财务报告的准确性和可靠性。

（3）提高企业的环保意识

在当今社会，企业的环保意识已成为衡量其社会责任和可持续发展能力的重要指标。无纸化操作作为一种现代化的商业实践，不仅提高了企业的运营效率，还显著提升了企业的环保意识。这种环保实践不仅符合全球可持续发展的趋势，也提升了企业的社会责任感和公众形象。

环保意识的提升对企业品牌形象的塑造具有深远的影响。在消费者日益关注环境保护的今天，企业的环保行为能够帮助其在市场中树立良好的品牌形象，吸引那些注重环保的消费者。例如，一些企业通过电子商务平台推广绿色产品和服务，这些产品和服务往往采用环保材料，生产过程中减少了对环境的影响，因此能够吸引那些寻求可持续生活方式的消费者。这种市场策略不仅增强了品牌的社会责任形象，还提升了企业的市场竞争力。

4. 信息获取方式更便捷

电子商务平台为客户提供了更为便捷的信息获取渠道，客户可以轻松地访问企业的服务信息，进行价格比较、产品查询和服务预约，客户无须亲自前往实体店就能获取所需的信息。例如，客户可以通过企业的官方网站或移动应用程序了解产品的详细信息、用户评价和价格，从而做出更明智的购买决策。电子商务平台还可以帮助企业与客户建立更直接、更密切的联系，企业通过在线聊天、即时通信等功能，及时解答客户的疑问，提供个性化的服务。

电子商务平台还可以通过智能推荐系统为客户提供个性化的推荐服务，根据客户的购买历史、浏览行为和偏好，推荐符合其需求的产品和服务，减少客户的选择成本，提高购买决策的准确性。此外，电子商务平台还可以通过用户评价和评分系统增加客户参与度，让客户分享购买体验，帮助其他客户做出更好的购买决策。客户的参与不仅提高了购买的信任度，也促进了企业的改进和创新。企业可以更好地了解客户的需求和偏好，提供更加个性化的服务，增强客户忠诚度，促进企业的长期发展。

5. 信息国际化促进企业发展

互联网的发展使得信息传播变得国际化，为企业开拓国际市场提供了有力支持。企业通过电子商务平台可以将服务推广到全球各地，吸引更多的国际客户。企业可以利用互联网进行国际市场调研，了解不同国家和地区的市场需求和竞争情况，制定相应的市场策略。例如，企业可以通过跨境电商平台将产品销售到海外市场，开拓新的业务增长点，提升国际竞争力。此外，在线支付和物流配送等便利服务降低了跨境贸易的成本和风险，促进了国际贸易的发展。企业与海外客户直接沟通和交易，建立起跨国界的商业合作关系，拓展海外市场份额，提升其在国际市场上的知名度和美誉度。而企业参与国际竞争，可以不断提升自身的创新能力和核心竞争力，推动企业的全球化发展。

（二）服务业电子商务的消极影响

1. 服务不到位

电子商务平台虽然极大地拓宽了服务业的业务范围和客户基础，但其虚拟性质也带来了服务传递的挑战。在传统服务模式中，面对面的交流能够即时解决客户的问题，提供个性化的服务体验。然而，在电子商务环境中，这种即时性和个性化的服务往往难以实现。客户可能因为无法获得及时的服务响应而感到不满，这种不满可能会通过社交媒体等渠道迅速传播，对企业的品牌形象造成负面影响。

服务不到位的问题可能源于企业的不当管理。这包括但不限于客户服务响应速度慢、服务信息不准确、服务承诺未能兑现等。例如，客户在电子商务平台上提出的咨询或投诉可能因为缺乏有效的客户服务机制而得不到及时解决。此外，企业在电子商务平台上的服务信息更新不及时，可能导致客户接收到过时或错误的信息。这些问题都会降低客户的满意度，影响企业的市场声誉和竞争力。

为了解决服务不到位的问题，企业需要建立有效的服务质量监控机制。这包括对客户服务流程的优化、对服务人员的培训和考核以及对服务质量的持续评估和改进。企业还应该利用客户反馈和数据分析工具，及时发现服务中的不足，并采取措施加以改进，以提升服务质量，增强客户的满意度和忠诚度。

2. 产品介绍与实际不符

（1）信息不对称的问题

在电子商务的繁荣发展中，信息不对称问题日益凸显，这成为影响消费者决策和市场效率的关键因素。电子商务平台上的产品信息，如图片、文字描述和用户评价，构成了消费者了解产品的窗口。然而，这些信息往往难以全面、准确地反映产品的真实情况，从而在消费者心中种下了期望与实际体验之间的鸿沟。这一鸿沟不仅可能导致消费者的不满和投诉，更深远地影响着企业的信誉和销售业绩，甚至对整个电子商务生态的健康发展构成挑战。

信息不对称问题的根源在于市场参与者之间的信息获取和处理能力存在差异。在电子商务环境中，卖家通常掌握着比消费者更多的产品信息。这种信息优势使得卖家能够在产品描述中选择性地展示信息，有时甚至通过美化图片、夸大描述或操控评价来吸引消费者。而消费者由于缺乏直接接触和检验产品的机会，往往只能依赖平台提供的信息进行决策。这种依赖性使得消费者在信息不对称的情况下处于相对弱势的地位，容易受到误导，从而在购买后产生失望感。

信息不对称不仅损害了消费者的利益，也对市场效率产生了负面影响。在理想的市场环境中，充分的信息流动能够促进资源的有效配置，使得消费者能够基于完整的信息做出最优选择。然而，信息不对称扭曲了市场信号，导致资源配置的失衡。例如，优质产品可能因为信息不足而无法获得应有的市场份额，而劣质产品则可能因为信息误导而泛滥市场。这种市场失灵不仅损害了消费者的利益，也阻碍了市场的长期健康发展。

（2）夸大宣传与信息不准确

在商业实践中，夸大宣传与信息不准确是一个普遍存在且影响极大的问题。企业为了吸引消费者的注意力和提升市场份额，有时会在产品介绍中过度强调产品的优势，甚至故意忽略或隐瞒产品的缺陷和限制。这种行为不仅违背了商业诚信的基本原则，也可能触犯相关的法律法规，给企业带来潜在的法律风险。

夸大宣传的现象在广告和营销领域尤为常见。企业可能会通过精心设计的广告语言和图像，创造出一种产品性能远超实际的印象。这种宣传手法可能会在短期内吸引消费者的注意力，但长期来看，一旦消费者发现产品与宣传不符，企业的信誉和品牌形象将受到严重损害。此外，消费者的不满和投诉也可能导致法律诉讼，增加企业的运营成本。

信息不准确的问题则涉及产品信息的透明度和真实性。在电子商务和在线购物的背景下，消费者无法直接接触产品，只能依赖企业提供的信息进行购买决策。

如果企业提供的信息存在误导或遗漏关键信息，消费者可能会做出错误的购买选择，从而影响其满意度和忠诚度。

三、服务业电子商务应用中的问题分析

（一）服务业电子商务物流发展分析

1. 物流模式的多样性与选择

（1）自营物流式

自营物流式是指企业自行建立物流体系，包括仓储、配送等环节，以确保企业对物流过程的全面控制。这种模式的优势在于，企业能够为客户提供定制化的服务，满足客户的特定需求。然而，自营物流需要较高的初始投资和管理成本，对于中小企业而言可能是一个负担。此外，自营物流可能会导致企业资源分散，影响核心业务的发展。因此，企业在选择自营物流时需要综合考虑自身的规模、资金实力和市场定位。

（2）第三方物流配送模式

第三方物流配送模式是指企业将物流服务外包给专业的物流公司。这种模式可以降低企业的运营成本，提高物流效率。第三方物流公司通常拥有更广泛的物流网络和更专业的物流管理能力，能够提供更快速、更可靠的物流服务。但是，企业需要对第三方物流公司的服务质量进行严格监控，以确保服务水平。同时，依赖第三方物流可能会导致企业对物流过程的控制力下降，影响对客户需求的快速响应。

（3）联盟物流配送

联盟物流配送是指多个企业联合起来，共享物流资源和网络，以降低成本和提高效率。这种模式可以实现资源的最优化配置，提高物流服务的整体水平。然而，联盟物流需要良好的协调机制和信任基础，以确保各方的利益得到平衡。此外，联盟成员之间的利益冲突和合作难度可能会影响联盟的稳定和效率。

（4）“O-S-O”物流配送

“O-S-O”物流配送模式是指企业通过与物流服务提供商（OSP）合作，实现从订单处理到最终配送的全过程管理。这种模式结合了自营物流和第三方物流

的优势，能够提供更加灵活和高效的物流解决方案。但是，企业需要与OSP建立紧密的合作关系，以确保物流服务的质量和效率。同时，企业还需要对OSP的服务能力和信誉进行严格评估，以避免潜在的风险。

（5）物流一体化

物流一体化是指企业将物流活动整合到供应链管理中，实现物流、信息流和资金流的高效协同。这种模式可以提高供应链的整体效率，降低库存成本和物流成本。物流一体化需要企业具备强大的信息技术和供应链管理能力，以实现物流活动的优化和协调。然而，物流一体化可能会导致企业对物流技术的依赖性增强，一旦技术或系统出现问题，整个供应链可能会受到严重影响。

（6）第四方物流

第四方物流是指企业通过与专业的物流咨询和管理公司合作，实现物流战略规划和运营优化。这种模式可以帮助企业实现物流成本的最小化和物流效率的最大化。第四方物流公司通常具备丰富的行业经验和先进的物流管理技术，能够为企业提供全面的物流解决方案。但是，企业需要对第四方物流公司的专业能力和服务质量进行严格评估，以确保合作的有效性。同时，过度依赖第四方物流可能会导致企业对物流过程的控制力下降。

2. 物流服务的质量与效率

（1）物流服务的质量控制

物流服务的质量直接影响到客户的满意度和企业的市场竞争力。企业需要建立严格的质量控制体系，包括对物流过程的监控、对物流人员的培训和考核、对物流设施和技术的持续改进。通过这些措施，企业可以确保物流服务的稳定性和可靠性。然而，质量控制体系的建立和维护需要投入大量的人力和物力，对于一些资源有限的企业来说可能是一个挑战。此外，随着市场需求的不断变化，企业还需要不断调整和优化质量控制体系，以适应新的市场环境。

（2）物流效率的提升

物流效率的提升可以通过优化物流流程，采用先进的物流技术和设备，以及实施精益物流管理等措施来实现。企业还需要利用数据分析和物流信息系统，实时监控物流活动，及时调整物流策略，以应对市场变化和客户需求的变化。然而，物流效率的提升可能会受到多种因素的影响，如交通状况、天气条件、政策法规等。

因此，企业需要建立灵活的物流管理机制，以应对各种不确定因素带来的挑战。

（二）服务业电子商务支付的发展分析

1. 在线支付模式的比较与选择

（1）网银支付模式

网银支付模式是指消费者通过银行的网上银行系统进行支付。这种模式安全可靠，操作简便，适用于大多数网上交易。然而，网银支付可能存在交易限额和操作复杂的问题，对于不熟悉网上银行操作的消费者来说可能不太友好。此外，网银支付的普及程度受到银行服务范围和消费者信任度的影响，不同地区和不同群体的消费者可能会有不同的支付偏好。

（2）第三方支付模式

第三方支付模式是指通过独立的支付平台进行交易结算。这种模式提供了便捷的支付体验，支持多种支付方式，包括信用卡、借记卡、电子钱包等。第三方支付平台通常提供额外的安全保障措施，如交易担保和欺诈保护，增加了消费者的信任。然而，第三方支付可能会涉及额外的手续费，对于一些价格敏感的消费者来说可能不太吸引。

2. 支付安全与用户体验

（1）支付安全的重要性

支付安全是电子商务支付的核心问题。企业需要采取多种安全措施，包括数据加密、身份验证、风险监控等，以保护消费者的支付信息不被泄露或滥用。支付安全不仅关系到消费者的财产安全，也关系到企业的信誉和市场地位。然而，随着网络攻击手段的不断升级，支付安全面临的挑战也越来越大。企业需要不断更新安全技术和策略，以应对新的安全威胁。

（2）用户体验的优化

用户体验是影响消费者选择支付方式的重要因素。企业需要不断优化支付界面，简化支付流程，提供清晰的支付指引，以提高消费者的支付满意度。此外，企业还应该提供多样化的支付选项，满足不同消费者的支付习惯和需求。然而，用户体验的优化可能会受到技术限制和成本考虑的影响。企业需要在提升用户体验和控制成本之间找到平衡点。

四、电子商务促进服务业发展的对策

（一）提高电子商务物流配送能力

1. 物流科技与信息技术的融合应用

（1）物流企业数字化转型

物流企业的数字化转型是电子商务发展的关键环节，这一转变要求企业充分利用物联网、大数据分析、云计算等前沿技术，实现物流流程的数字化和智能化管理。在这一过程中，物流企业通过实时监控货物状态，优化配送路线以及预测物流需求，不仅提高了物流效率，也增强了配送的准确性。例如，企业可以利用大数据分析技术来预测物流高峰期，从而能够提前调配资源，有效减少物流延误，确保顾客满意度的提升。此外，数字化和智能化的物流系统还能够帮助企业更好地应对市场变化，及时调整物流策略，以适应不同阶段的物流需求。这种转型不仅提高了物流企业的竞争力，也为电子商务的可持续发展提供坚实的物流支撑。

在实践中，物流企业还需要关注如何将先进技术有效地融入物流流程中。这包括对现有物流设施的升级改造，以及对物流人员的培训，以确保他们能够熟练地操作新系统。同时，企业还需要关注数据的安全性和隐私保护，建立完善的信息安全防护体系，以防止数据泄露和网络攻击。在此基础上，物流企业还可以通过与其他企业或机构的合作，共享物流资源，进一步提高物流效率和服务质量。

（2）自动化与智能化设备的应用

在现代物流行业中，自动化与智能化设备的应用已成为提升效率、降低成本、增强安全性的关键手段。通过引进自动化分拣系统、无人搬运车（AGV）、无人机配送等先进技术，物流企业能够显著减少对人工的依赖，同时提高作业的精确度和速度。这些智能化设备不仅能够执行重复性高、劳动强度大的任务，还能在恶劣或危险的环境中安全作业，从而极大地提升物流操作的整体安全水平。

自动化分拣系统的引入使得货物分类和分拣过程更加高效和准确。通过先进的图像识别技术和机器学习算法，系统能够快速识别货物信息，并根据预设的规则进行分拣，大大减少了人为错误和时间浪费。无人搬运车（AGV）则通过自动导航系统，在仓库内部或物流中心之间自主移动，搬运货物，其精确的路径规划和避障能力确保了物流操作的连续性和流畅性。而无人机配送技术，虽然在城市物流中还无法普及，但在偏远地区或紧急情况下，已经显示出其独特的优势和潜力。

智能设备的应用还带来了数据反馈的巨大优势。物流企业通过实时监控和数据分析，能够深入了解物流流程中的瓶颈和低效环节，进而通过算法优化和流程再造，不断提升服务质量。例如，通过分析 AGV 的运行数据，企业可以优化仓库布局，减少搬运距离，提高整体效率。无人机的飞行数据则可以帮助企业优化配送路线，减少飞行时间和能耗。

2. 第三方与第四方物流的发展策略

（1）专业化与增值服务

在物流行业的发展趋势中，专业化与增值服务已成为第三方物流（3PL）和第四方物流（4PL）企业提升竞争力的关键策略。这些企业不再仅限于提供基础的物流运输服务，而是转向提供专业化、定制化的物流解决方案，以满足市场上日益多样化和个性化的需求。例如，冷链物流服务专注于食品、药品等需要特定温度控制的货物的运输，确保产品质量和安全；危险品物流则需要严格遵守国际和国内的危险品运输规定，保证运输过程的安全性。

除了专业化服务，增值服务也是物流企业提升客户满意度和忠诚度的重要手段。这些增值服务包括但不限于包装、标签打印、退货处理等，它们能够帮助电商客户简化物流流程，提高效率，同时也能够增强客户的购物体验。例如，专业的包装服务不仅能够保护商品在运输过程中的安全，还能够提升商品的外观，增加商品的吸引力；标签打印服务则能够确保商品信息的准确传递，减少物流中的错误和延误；退货处理服务则能够简化退货流程，提高客户满意度。

（2）资源整合与协同合作

在当今全球化和高度竞争的商业环境中，资源整合与协同合作已成为 4PL 企业发挥其供应链管理优势的核心策略。4PL 企业不同于传统的 3PL，它们不仅仅提供物流服务，更扮演着供应链整合者和优化者的角色。4PL 企业通过整合包括供应商、制造商、零售商在内的多方资源，能够为客户提供一体化的物流解决方案，这种解决方案涵盖了从原材料采购到最终产品配送的整个供应链过程。

资源整合的关键在于打破传统供应链中的信息孤岛，实现信息的共享和流程的优化。4PL 企业通过建立一个集成的信息平台，能够实时监控供应链的各个环节，及时调整物流计划，以应对市场变化和客户需求。例如，4PL 企业与供应商紧密合作可以优化库存管理，减少库存成本；与制造商合作则可以确保生产计划的顺利执行，提高生产效率；与零售商合作则可以优化配送路线，提高配送速度和准确性。

协同合作不仅限于供应链内部的各个环节，还包括与外部合作伙伴的协作。4PL 企业需要与技术提供商、金融服务机构等外部伙伴建立合作关系，共同开发新的物流技术和金融产品，以提升供应链的整体竞争力。例如，4PL 企业与技术提供商合作可以引入先进的物流管理系统，提高物流操作的自动化和智能化水平；与金融服务机构的合作则可以为客户提供灵活的支付和融资解决方案，降低客户的财务风险。

3. 推广物流配送新模式

（1）自提点的布局与优化

自提点作为连接线上购物与线下取货的关键节点，其合理布局和高效运营对于优化物流配送网络、降低配送成本、提升用户体验具有重要意义。自提点的设置应充分利用社区便利店、邮政网点等现有资源，这些地点通常位于居民区附近，交通便利，能够为消费者提供便捷的取货服务。物流企业通过数据分析可以对自提点的布局进行科学优化。这包括分析消费者的分布、购物习惯、取货偏好等数据，以此来确定自提点的最佳位置和数量。数据分析不仅能够帮助企业预测需求，还能够优化配送路线，减少配送时间和成本。例如，企业通过分析消费者的取货时间偏好，可以提供多样化的取货时间选项，如延长营业时间、提供周末取货服务等，以满足不同消费者的个性化需求。

（2）智能快递柜的普及

智能快递柜作为一种新兴的配送方式，正在逐渐普及并取得了良好的效果。其主要优点包括 24 小时自助服务、保护隐私等。智能快递柜的 24 小时自助服务能够解决传统配送方式中时间不确定性和配送员无法及时送达的问题，极大地提高了配送的便捷性和灵活性。同时，智能快递柜具有保护隐私的功能，用户可以在不暴露个人信息的情况下完成取件，增强了用户的安全感和隐私保护意识。

在人口密集区域和办公区域加大智能快递柜的投放力度，可以解决快递配送的最后一公里问题，缓解快递员配送压力，提高配送效率。在办公区域，智能快递柜可以为上班族提供更加便利的取件服务，节省他们的时间成本，提高用户满意度。

（二）加快网络安全和信用体系建设

1. 网络安全技术的研发与应用

（1）信息加密与防护技术

信息加密与防护技术在当今信息化社会中具有重要意义。为了确保数据传输的安全性，网络安全部门可以推动研发先进的加密技术，如量子加密技术。量子加密技术利用量子力学的原理，实现了安全的加密通信，能够有效地防止数据被窃取或篡改，是目前最安全的加密方式之一。在加强加密技术的同时，还需要加强防火墙、入侵检测系统等防护技术的应用。防火墙可以监控和控制网络流量，阻止恶意攻击和未经授权的访问；入侵检测系统可以监测网络中的异常活动，并及时发出警报，有助于防范网络攻击。

（2）安全监测与应急响应

为了确保网络安全，需要建立健全的网络安全监测系统。这个系统应该能够实时监控网络的状态，及时发现并处理安全威胁。监测网络流量、检测异常行为和分析日志等手段，可以发现潜在的安全问题。同时，建立应急响应机制可以应对突发的安全事件。这个机制应该包括预案制定、应急演练和人员培训等内容，以确保发生安全事件时各部门能够迅速采取措施，减少损失。

2. 信用体系的建设与完善

（1）信用信息的收集与共享

建立统一的商务信用记录数据库，收集企业和个人的信用信息，实现跨部门、跨行业的信息共享。建立信用信息平台可以提高信用信息的透明度和可获取性。这一举措将有助于构建更加公平、诚信的商业环境，促进市场主体依法诚信经营，有效防范经济风险，推动经济社会持续健康发展。

在实际操作中，需要解决一些技术和管理上的挑战。首先是数据采集和整合需要确保数据的真实性和准确性。其次是信息安全和隐私保护的问题，要保障信息的安全性，防止信息泄露。最后是数据共享和利用的问题，需要建立健全数据共享机制，确保信息共享的合法性和便利性。

（2）信用服务机构的发展

信用服务机构的发展对于推动电子商务信用服务市场的健康发展至关重要。为了促进这一市场的繁荣，政府应该支持征信咨询公司、信用评级机构等信用服务机构的发展。其中，政府可以通过提供税收优惠、贷款支持等政策措施来支持这些机构。这些政策不仅可以帮助信用服务机构提升其业务水平和服务质量，还可以吸引更多的企业和个人参与到信用服务市场中来。此外，为了确保信用服务机构提供的信用评估服务专业化和具有权威性，政府还可以鼓励这些机构加强内部管理，提升员工的专业素养和技能水平。政府可以通过组织专业培训、开展行业评比等方式来提升信用服务机构的专业化水平，从而提升整个信用服务市场的信用评估能力和水平。

（三）加强人才培养

1. 教育体系的创新与合作

（1）高等院校与企业的合作

高等院校与电商企业之间的合作关系对于促进教育内容与市场需求的匹配具有重要意义。这种合作不仅仅是简单的校企合作，更应当是一种深度融合、互利共赢的关系。首先，高等院校应与电商企业建立起紧密的合作框架，明确双方合作的目标和内容。在课程开发方面，学校可以邀请电商企业的专业人员参与，结合市场需求和行业发展趋势，共同制定课程设置和教学大纲，确保教育内容与实际工作需求紧密对接。其次，学校可以与电商企业合作开展实习实践项目，为学生提供更多实践机会。学生通过在企业实习，可以更深入地了解电商行业的运作模式和实际工作技能要求，培养学生的实践能力和创新精神。最后，学校和企业可以共同举办各类讲座、研讨会等活动，邀请业内专家和企业领导分享经验和前沿知识，拓宽学生的视野，提高他们的综合素质。这种校企合作模式不仅可以提高教育质量，更可以促进学生的就业和社会适应能力，推动整个电商行业的人才培养和产业发展。

（2）在职培训与继续教育

在当今社会快速发展的时代背景下，职场人士需要不断更新知识和技能，以适应不断变化的工作环境和需求。为此，提供多样化的学习资源和灵活的学习方式至关重要。首先，通过建立在线学习平台，提供丰富的课程内容和学习资源，使在职人员可以根据自己的时间和需求选择适合自己的学习计划。其次，组织各种形式的研讨会、讲座等活动，邀请业内专家和资深人士分享经验和最新知识，帮助从业人员不断提升专业技能和知识水平。此外，还可以建立导师制度，为在职人员提供个性化的学习指导和职业规划建议，帮助他们更好地发展自己的职业生涯。这些举措可以有效提高在职人员的综合素质和竞争力，推动整个行业的持续发展和进步。

2. 人才激励与保障机制

（1）员工福利与职业发展

企业应该重视员工福利和职业发展，这对吸引和留住高端人才至关重要。首先，企业应该提供具有竞争力的薪酬福利，包括基本工资、奖金、福利待遇等，以满足员工的物质需求。其次，企业应该建立完善的职业发展路径，为员工提供明确的晋升机会和职业规划，激励员工不断提升自己的能力和素质。此外，企业还应该关注员工的职业成长，为员工提供各种培训和学习机会，帮助他们提升专业技能和知识水平。企业通过这些举措可以激发员工的工作热情和创新能力，提高员工的工作满意度和忠诚度，从而实现企业和员工的双赢。

（2）人才评价与激励制度

建立科学的人才评价体系对于激励员工、提高企业绩效至关重要。首先，企业应该建立全面的评价体系，包括定量指标和定性评价，从工作表现、工作态度、团队合作等方面全面评估员工的表现。其次，评价体系应该公平公正，避免主观恶意评价或偏见评价，确保评价结果客观可信。针对员工的优秀表现，企业应该给予适当的奖励和认可，可以是绩效奖金、晋升机会、荣誉称号等，激励员工为企业创造更大的价值。最后，企业还可以通过股权激励等方式，让员工分享企业的发展成果，增强员工的归属感。科学的人才评价和激励制度可以有效提高员工的工作积极性和创造力，推动企业不断向前发展。

第三节　技术创新对服务业的推动作用

一、技术创新提升服务效率与质量

（一）自动化与智能化的服务流程

1. 人工智能与机器学习在服务流程中的应用

（1）智能投顾系统的发展与影响

在金融服务业中，智能投顾系统利用人工智能和机器学习技术，分析大量的市场数据和客户历史交易记录，为客户提供个性化的投资建议。这种系统的应用不仅减少了传统投资顾问的人力成本，而且通过算法优化，提高了投资决策的准确性和效率。智能投顾系统的发展，标志着金融服务从传统的人工服务模式向智能化、自动化的转变，极大地提升了服务效率和客户体验。

（2）电子病历系统与远程诊疗技术的融合

在医疗服务业中，电子病历系统（EMR）与远程诊疗技术的结合，使得医生能够实时访问患者的医疗记录，无论患者身处何地。这种技术的应用不仅提高了医疗服务的响应速度，而且医生通过数据分析能够更准确地诊断疾病，向患者提供更加有针对性的治疗方案。此外，远程诊疗技术的发展使得偏远地区的患者也能够享受到高质量的医疗服务，极大地扩展了医疗服务的覆盖范围。

2. 大数据分析在服务流程优化中的作用

大数据分析技术使得服务提供者能够从海量的服务数据中提取有价值的信息，用于优化服务流程。例如，在零售业中，零售商通过分析顾客的购物行为和偏好，能够优化商品布局，提高顾客的购物体验。在物流业中，物流公司通过分析货物的流动数据，能够优化配送路线，减少运输成本，提高配送效率。这些数据驱动的流程改进，不仅提高了服务效率，也提升了服务质量。

（二）客户体验的个性化与优化

1. 客户数据分析与个性化服务

（1）电商平台中的用户行为分析

电商平台通过收集和分析用户的浏览、搜索和购买行为数据，能够构建用户画像，从而为其提供更加精准的商品推荐。这种个性化推荐系统不仅提高了用户的购物体验，也增加了平台的销售额。此外，电商平台通过分析用户的反馈和评价，还能够及时调整服务策略，提升用户满意度。

（2）智能客房系统与定制化体验

在酒店业中，智能客房系统通过集成传感器和智能控制设备，能够根据客人的偏好自动调节房间环境。例如，系统可以根据客人的作息习惯自动调整灯光和窗帘，或者根据客人的音乐偏好播放相应的背景音乐。这种定制化的服务体验，不仅提高了客人的满意度，还增强了酒店的品牌形象。

2. 客户体验的持续优化

服务提供者通过实时监控客户的反馈和行为数据，能够及时发现服务中的不足，并迅速采取措施进行改进。例如，在餐饮业中，餐厅通过智能点餐系统收集的客户反馈，能够及时调整菜单和烹饪方法，提高食物的质量和口味。教育服务业中通过在线学习平台收集的学生学习数据，能够及时调整教学内容和方法，提高教学效果。

（三）服务质量的持续改进

1. 服务监控与质量管理

（1）智能监控系统在服务质量管理中的应用

智能监控系统通过实时监控服务流程，能够及时发现服务中的问题，并自动触发预警机制。例如，在制造业中，安装在生产线上的智能监控系统能够实时监测设备状态，预测潜在故障，从而避免生产中断。在服务业中，智能监控系统能够监控服务人员的工作状态，确保服务质量符合标准。

（2）数据分析在服务质量改进中的作用

服务提供者通过分析服务数据，能够识别服务中的瓶颈和不足，从而有针对性地进行改进。例如，在金融服务中，银行通过分析交易数据，能够识别欺诈行为，提高交易的安全性。

2. 服务创新与质量提升

（1）技术创新驱动服务模式创新

技术创新不仅提升了服务效率，也催生了新的服务模式。例如，云计算技术的发展使得服务提供者能够按需提供服务，客户可以根据需要随时获取服务资源。在教育服务业中，虚拟现实和增强现实技术的应用，使得远程教育变得更加生动和互动，提高了学生学习效果。

（2）持续学习与知识更新

服务提供者通过持续学习和知识更新，能够不断提升服务质量。例如，在咨询服务业中，咨询顾问通过不断学习最新的行业知识和数据分析技术，能够为客户提供更加深入和精准的咨询服务。在医疗服务业中，医生通过参加在线研讨会和继续教育课程，能够及时了解最新的医疗技术和治疗方法，提高医疗服务质量。

二、技术创新促进服务业的数字化转型

（一）数字平台的建设与应用

1. 数字平台的基础设施建设

（1）云计算与大数据技术的融合

在数字平台的建设中，云计算技术提供了弹性的计算资源和存储空间，使得服务提供者能够根据需求快速扩展或缩减服务能力。大数据技术的应用则使得平台能够处理和分析海量的数据，从而提供更加精准的服务。例如，在金融服务业中，基于云计算的数字平台能够实时处理大量的交易数据，而大数据分析则能够帮助金融机构识别市场趋势和风险点，提高决策的准确性。

（2）物联网技术的集成

物联网技术的集成使得数字平台能够连接和管理各种智能设备，从而提供更加智能化的服务。例如，在智能家居服务中，通过物联网技术，用户可以远程控制家中的灯光、温度等设备，实现智能化的生活体验。在工业领域，物联网技术则使得生产设备能够实时传输数据，帮助企业实现智能制造和精准维护。

2. 数字平台的服务模式创新

（1）个性化服务的实现

数字平台通过收集和分析用户的行为数据，能够提供个性化的服务。例如，电子商务平台通过分析用户的购物历史和浏览行为，能够推荐符合用户偏好的商品，提高购物体验。在教育服务业中，数字平台能够根据学生的学习进度和能力，提供定制化的学习资源和辅导服务。

（2）跨界服务的整合

数字平台的建设促进了不同行业服务的整合，形成了跨界的服务模式。例如，在健康管理领域，数字平台能够整合医疗、保险、健身等多个行业的服务资源，为用户提供全方位的健康管理服务。在智慧城市建设中，数字平台则整合了交通、能源、安全等多个领域的服务，提高了城市管理的效率和居民的生活质量。

（二）跨界融合与服务创新

1. 跨界融合推动服务模式变革

（1）人工智能与自动化服务

人工智能技术的应用极大地推动了服务模式的变革。例如，在客户服务领域，

智能客服系统能够自动回答用户咨询，提高服务效率。在金融服务中，智能投顾系统能够根据市场数据和用户偏好提供个性化的投资建议。

（2）区块链技术与信任机制构建

区块链技术的应用为服务提供者构建了新的信任机制。例如，在供应链管理中，区块链技术能够确保交易记录的不可篡改，提高供应链的透明度和可信度。在版权保护领域，区块链技术则能够确保数字内容的版权归属和使用记录，保护创作者的权益。

2. 服务创新与用户体验优化

（1）用户参与与价值共创

服务创新不仅依赖于技术的发展，也需要用户的积极参与。服务提供者通过用户反馈和参与，能够不断优化服务，共创价值。例如，在社交媒体平台中，用户的互动和内容创造是平台价值的重要组成部分。在产品设计领域，用户参与设计过程能够帮助企业更好地满足市场需求。

（2）服务体验的定制化

技术创新使得服务体验的个性化和定制化成为可能。例如，在餐饮业中，通过移动应用，用户可以根据个人口味和营养需求定制餐食。在教育服务业中，个性化学习计划能够根据学生的学习风格和进度进行调整，提高学习效果。

三、技术创新增强服务业的可持续发展能力

（一）资源优化与环境保护

1. 智能能源管理系统的应用

（1）能源消耗的实时监控与自动调节

在酒店业中，智能能源管理系统通过集成传感器和数据分析技术，能够实时监控建筑内的能源消耗情况，包括电力、水资源和暖通空调系统等。系统通过分析历史数据和实时数据，预测能源需求，并自动调节设备的运行状态，如在非高峰时段降低空调功率或关闭不必要的照明设备，从而实现能源的高效利用。

（2）环境影响的量化与优化

智能能源管理系统还能够量化能源消耗对环境的影响，如计算碳排放量，并提供优化建议。酒店业通过这种方式不仅能够降低运营成本，还能够提升其环保

形象，满足日益增长的绿色消费需求。此外，系统还可以与可再生能源系统（如太阳能板）集成，进一步减少对传统能源的依赖，实现更加环保的能源结构。

2. 新能源车辆与智能交通系统的推广

（1）减少交通运输业的碳排放

在交通运输业中，新能源车辆的推广是减少碳排放的一个途径。与传统燃油车相比，新能源车在运行过程中几乎不产生尾气排放，有助于减少城市空气污染。

（2）智能交通系统的优化作用

智能交通系统通过集成先进的通信技术和数据处理技术，能够优化交通流量，减少交通拥堵和事故发生率。例如，实时交通信息可以为驾驶员提供最佳路线建议，减少不必要的行驶时间和能源消耗。此外，智能交通系统还能够支持自动驾驶技术的发展，提高道路安全性和交通效率。

（二）服务模式的灵活性与适应性

1. 云计算与移动互联网技术的应用

（1）服务的快速部署与动态调整

云计算技术为服务业提供了弹性的计算资源和存储空间，使得服务提供者能够根据市场需求快速部署新的服务或调整现有服务。例如，在零售业中，通过云平台，商家可以快速上线新的电子商务功能，如季节性促销活动或个性化推荐系统，以满足消费者的即时需求。

（2）移动服务的普及与个性化

移动互联网技术的发展使得服务提供者能够通过应用程序直接与消费者互动，提供更加个性化的服务。例如，在餐饮业中，消费者通过移动订餐应用，可以根据个人口味和饮食偏好定制餐食，而商家则可以根据消费者的反馈快速调整菜单和服务流程。

2. 在线教育平台的灵活教学模式

（1）课程内容的动态更新与个性化教学

在线教育平台利用网络技术，能够实时更新课程内容，并根据学生的学习进度和反馈提供个性化教学。例如，通过数据分析，平台可以识别学生的学习难点，并提供针对性的辅导资源或调整教学计划，以提高学生学习效果。

（2）互动式学习环境的构建

在线教育平台还可以构建互动式学习环境，如通过虚拟教室进行实时讨论和协作学习。这种模式不仅提高了学习方式的灵活性，还增强了学生的参与感和学习动力。此外，平台还可以集成各种学习工具和资源，如在线图书馆、模拟实验等，为学生提供全面的学习支持。

（三）人才培养与知识创新

1. 技术创新在人才培养中的应用

（1）虚拟现实与模拟技术在培训中的应用

虚拟现实（VR）和模拟技术为服务业的人才培训提供了新的方法。这些技术通过创建逼真的虚拟环境能够模拟实际工作场景，如酒店前台服务、紧急医疗响应等，使学员能够在安全的环境中进行实践操作，提高技能水平。

（2）在线学习平台的发展

在线学习平台通过提供丰富的学习资源和灵活的学习方式，支持学生随时随地进行学习。这些平台通常集成了视频讲座、在线测试、讨论论坛等功能，使学员能够根据自己的学习节奏和兴趣选择课程，提高学习的自主性和效率。

2. 知识创新与服务业的深度融合

（1）数据分析与人工智能在咨询服务中的应用

在咨询服务业中，数据分析和人工智能技术的应用使得咨询服务能够提供更加深入和精准的解决方案。咨询顾问通过分析大量数据能够识别市场趋势、客户需求和潜在风险，为客户提供定制化的战略建议。

（2）知识管理系统的构建与优化

知识管理系统是支持知识创新的关键工具。集成知识库、专家网络和协作工具等系统能够帮助组织有效地收集、存储和分享知识。在服务业中，知识管理系统能够促进跨部门和跨领域的知识交流，加速新知识的产生和应用。

四、人工智能技术在快餐服务业中的应用案例

快餐逐渐成为人们生中不可缺少的一个重要组成部分。快餐服务之所以受到人们的欢迎，主要是因为快餐的主要特点：顾客在进入餐厅之后立刻就能享受到餐饮服务。快餐服务具有非常高的即时性和批量化等特点，而人工智能技术可以解决快餐需要大量服务人员的问题。

（一）快餐企业餐饮服务现状及存在的问题

1. 顾客用餐变得越来越智能高效

在当今智能化的时代，顾客用餐变得越来越智能高效。传统的餐厅服务需要投入大量人力，而随着智能技术的发展，更为智能便利的服务方式出现了。例如，在手机上使用各种手机应用程序可以轻松地订餐，并且可以即时结账。顾客可以在手机上浏览菜单，选择菜品，甚至可以预约，以减少等待时间。在用餐结束后，顾客还可以通过手机应用程序对该餐厅进行评价，分享用餐体验，这些智能服务的出现极大地提高了人们的用餐便捷度和质量。此外，一些餐厅还引入了智能点餐系统和自助结账系统，顾客可以通过触摸屏幕自主选择菜品并支付，无需等待服务员，节省了时间，提高了效率。智能化的用餐体验不仅提升了顾客的满意度，还降低了餐厅的运营成本，提高了餐厅的竞争力。

2. 顾客对就餐环境评价参差不齐

在顾客用餐过程中，餐厅的环境对顾客的体验有着重要的影响。其中，舒适的环境是影响顾客满意度的关键因素之一。然而，影响顾客用餐体验的因素却十分复杂。首先，餐厅内部的氛围会直接影响顾客的感受。如果噪声过大或音乐不和谐，会影响顾客的心情和用餐体验。其次，餐厅的光线也是一个重要的影响因素。光线过暗或过亮都可能会让顾客感到不适，影响用餐的舒适度。最后，餐厅的温度也是顾客关注的重点之一。如果餐厅的温度过高或过低，都会让顾客感到不舒服，影响用餐体验。另外，有些餐厅在设计时没有考虑到顾客的需求，如桌椅设计不合理、座位之间距离太近等，也会影响顾客的用餐体验。

3. 经营管理和服务改进空间较大

（1）订单要及时处理

订单处理是餐厅运营中至关重要的环节。顾客的点餐速度和工作人员的上餐速度直接影响顾客的用餐体验。一些位于繁华地段的餐厅或处于用餐高峰期，服务跟不上顾客需求的问题较为突出。餐厅可以引入智能点餐系统和自助结账系统，提升订单处理效率，缓解服务压力，改善顾客体验。

（2）精细管理原材料

原材料的管理对餐厅的生产成本和利润至关重要。连锁餐厅通常表现较好，因为有监管人员不定时检查原材料质量。然而，大部分餐厅在供货商和原材料选择上表现较差，他们会选择质量不佳的原材料以获取更多经济利益。这些问题主要是因为管理不够智能化，缺乏系统性的原材料管理和监控机制。餐厅可以借助物联网和大数据技术，建立原材料管理系统，实现对原材料的精细化管理，提高原材料利用率和质量。

（3）完善客用设备

顾客在餐厅用餐时需要舒适的环境和设备，如餐具、桌椅等。餐厅客用设备老旧，桌椅板凳不舒适等，会直接影响顾客的用餐体验。因此餐厅应重视顾客的需求，不断提升客用设备的质量和服务水平，提高顾客满意度。

（二）人工智能技术可以改善快餐企业经营管理及服务

1. 订单管理

（1）订单处理的自动化与优化

在快餐行业中，订单管理是确保服务效率和顾客满意度的关键。传统的人工订单处理方式在高峰时段往往难以应对激增的订单量，导致订单处理延迟和错误。人工智能技术的引入，通过自动化的订单接收和处理系统，能够实时接收顾客的订单，并根据订单的类型、数量和优先级进行智能排序。这种自动化的订单管理系统不仅减少了人工操作的错误，还大幅提高了订单处理的效率。此外，系统能够根据历史数据和实时流量预测订单高峰，提前调整资源分配，确保在高峰时段也能提供快速准确的服务。

（2）实时订单分析与顾客体验提升

人工智能系统能够即时分析订单数据，包括顾客的点餐偏好、订单频率和时间分布等，从而为顾客提供个性化的服务。例如，系统可以根据顾客的历史订单推荐菜品，或者在顾客频繁点餐的时间段提前准备，减少等待时间。此外，系统还能提供准确的取餐时间预测，使顾客能够更好地规划自己的时间，增强顾客的整体体验。

2. 原材料管理

（1）原材料需求的精准预测

原材料管理是快餐企业运营中的核心环节。人工智能技术分析历史销售数据和季节性变化，能够精准预测每日的原材料需求量。这种预测不仅有助于避免原材料的过剩或短缺，还能减少库存成本和食品浪费。系统还能根据原材料的保质期和消耗速度，动态调整采购计划，确保原材料的新鲜度和供应的连续性。

（2）供应商评估与原材料质量控制

大数据分析能够评估不同供应商的原材料质量、价格和交货时间，帮助餐厅选择性价比最高的供应商。餐厅还能实时监控原材料的入库质量，确保所有原材料都符合食品安全标准。此外，餐厅还能根据原材料的特性和储存要求，实施差异化的储存策略，如对易腐食品进行冷藏，对干燥食品进行干燥储存，从而保证原材料的质量和安全。

3. 设备状态的实时监控与维护

在快餐服务中，客用设备的正常运行直接影响到顾客的用餐体验。人工智能技术能够实时监控餐厅内的各种设备，如烹饪设备、点餐系统和支付终端等，确保它们处于良好的工作状态。一旦检测到设备故障或性能下降，系统会立即通知维修人员进行检查和维护。此外，系统还能根据设备的使用寿命和维护历史，制定定期维护计划，预防设备故障的发生，确保顾客用餐的安全和舒适。

第四节　现代服务业的数字化战略

一、制定现代服务业与数字经济融合发展的中短期行动计划

（一）现代服务业与数字经济融合的关键领域

1. 金融科技的发展与应用

金融科技（FinTech）是指运用科技手段改进金融服务的创新领域。在这一领域，重点发展方向包括但不限于区块链技术的应用、智能投顾、移动支付、大数据风控等。这些技术的应用可以提高金融服务的效率和安全性，降低交易成本，促进金融服务的普惠性。

2. 智能物流的优化与升级

智能物流是指利用物联网、大数据、人工智能等技术优化物流流程，提高物流效率和降低成本。这一领域重点关注智能仓储、无人配送、物流大数据分析等技术的研发和应用，以实现物流行业的数字化转型。

3. 电子商务的创新与发展

电子商务是数字经济的重要组成部分，其发展方向包括跨境电商、社交电商、电商平台的智能化升级等。创新技术，如增强现实（AR）和虚拟现实（VR）等技术的应用，可以提升消费者的购物体验，同时大数据分析可以优化供应链管理，提高电商平台的运营效率。

4. 在线教育的普及与深化

在线教育未来发展方向包括个性化学习、智能教育平台、教育大数据分析等。这些技术的应用可以实现教育资源的优化配置，提高教育质量和效率，促进教育公平。

5. 远程医疗的推广与完善

远程医疗是指利用信息技术提供远程诊断、治疗和健康管理服务。这一领域重点关注远程医疗平台的建设、医疗大数据的应用、智能医疗设备的研发等，以提高医疗服务的可及性和质量。

（二）谋划具体的实施转型路径

1. 技术选型与平台建设

（1）选择合适的技术框架

在技术选型方面，应根据不同服务领域的特点和需求，选择合适的技术框架。例如，在金融科技领域，可能需要选择数据安全的技术框架；在智能物流领域，可能需要选择支持实时数据处理和分析的技术框架。

（2）建设高效可靠的服务平台

服务平台是实现数字化转型的关键基础设施。在平台建设方面，应注重平台的可扩展性、稳定性和安全性。同时，平台应具备良好的用户界面和用户体验，以吸引和留住用户。

2. 数据治理与人才培养

（1）建立健全数据治理体系

数据是数字化转型的核心资源。建立健全数据收集、存储、处理、分析和共享的体系可以确保数据的质量和安全。同时，制定相应的数据政策和标准可以规范数据的使用。

（2）培养专业的数字化人才

人才是实现数字化转型的关键因素。人才培养应通过教育培训以及产、学、研合作等方式，培养具备数字化技能和思维的人才。同时，建立有效的人才激励机制，吸引和留住优秀人才。

（三）与现有规划、文件等统筹衔接

行动计划应深入符合国家战略的内涵和要求。例如，行动计划应充分考虑国家关于数字经济发展的指导意见和政策措施，确保行动计划符合国家的总体布局和发展方向。

具体的实施方案应充分考虑地方的资源禀赋、产业基础和发展阶段，确保行动计划的可行性和有效性。同时，地方政府和相关部门应沟通和协调，合力推动现代服务业与数字经济的融合发展。

（四）做好系统集成、前瞻领先的顶层设计

1. 构建开放共享的数字化生态系统

现代服务业顶层设计应注重构建开放共享的数字化生态系统，促进不同服务领域和产业链上下游的协同发展。例如，建立统一的数据交换平台和标准，可以促进数据的流通和共享，提高整个生态系统的效率和竞争力。

2. 预见未来的发展趋势，提前布局

现代服务业未来应关注新兴技术和商业模式的发展，提前布局，以确保现代服务业与数字经济的深度融合能够持续引领行业发展。例如，5G、物联网、区块链等技术的发展，催生其在现代服务业中的应用前景，提前布局相关技术和产品。

二、推进新一代感知、网络、算力等数字基础设施建设

（一）实现 5G、千兆光网、新型城域物联专网等的深度覆盖

1. 5G 网络的部署与优化

（1）5G 网络的技术特性与应用场景

5G 网络以其高速度、低延迟和大连接数的特点，为现代服务业提供了前所未有的发展机遇。在技术层面，5G 网络采用了包括毫米波、大规模 MIMO、网络切片等先进技术，这些技术的应用使得 5G 网络能够支持更多样化的服务需求，如远程医疗、自动驾驶、智能工厂等。

（2）5G 网络的覆盖策略与优化措施

为实现 5G 网络的深度覆盖，需要制定合理的网络部署策略。这包括在城市中心、商业区、交通枢纽等高流量区域优先部署 5G 基站，同时采用动态频谱管理、网络优化算法等技术手段，以提高网络的覆盖范围和质量。

2. 千兆光网的推广与应用

（1）千兆光网的技术优势与实施路径

千兆光网以其高速率、高稳定性的特点，成为支撑现代服务业发展的重要基础设施。在技术实施上，千兆光网主要依赖于光纤到户（FTTH）技术，通过提供高达 1Gbps 甚至更高的宽带接入速度，满足高清视频、云计算等高带宽应用的需求。

（2）千兆光网的普及策略与挑战应对

为推广千兆光网，需要制定有效的市场推广策略，如提供优惠政策、加强用户教育等。同时，还需要解决光纤网络建设中的成本、技术标准、用户接受度等挑战，以确保千兆光网的广泛应用。

3. 新型城域物联专网的建设与管理

（1）新型城域物联专网的技术架构与功能

新型城域物联专网是专为物联网应用设计的网络，它能够支持大规模的设备连接和数据传输。在技术架构上，新型城域物联专网通常采用低功耗广域网（LPWAN）技术，如 NB-IoT、LoRa 等，这些技术能够提供长距离、低功耗的通信服务。

（2）新型城域物联专网的规划与运营

在规划新型城域物联专网时，需要考虑网络的覆盖范围、设备接入能力、数据安全性等因素。在运营管理上，应建立完善的网络监控和维护体系，确保网络的稳定运行和高效服务。

（二）构建服务业数据交易平台

1. 数据交易平台的架构设计

（1）数据交易平台的技术框架与功能模块

数据交易平台应具备数据发布、数据查询、数据交易、数据安全等功能。在技术框架上，平台可以采用微服务架构，将不同的功能模块解耦，提高系统的灵活性和可扩展性。

（2）数据交易平台的运营模式与服务机制

数据交易平台的运营模式可以包括政府主导、市场驱动等多种形式。在服务机制上，平台应提供包括数据质量评估、交易撮合、交易监管等服务，以保障数据交易的公平性和安全性。

2. 数据交易的市场机制与政策支持

（1）数据交易的市场规则与激励机制

促进数据交易需要建立合理的市场规则，如数据定价机制、交易流程规范等。同时，可以通过税收优惠、资金支持等激励措施，鼓励企业和个人参与数据交易。

（2）数据交易的法律法规与标准制定

数据交易涉及数据的所有权、使用权、隐私保护等法律问题，因此需要制定相应的法律法规，明确数据交易的法律地位和责任归属。同时，还需要制定数据交易的标准，如数据格式、数据质量标准等，以提高数据交易的效率和质量。

（三）制定行业数据标准，规范行业数据治理

1. 行业数据标准的制定原则与方法

（1）数据标准的制定原则

行业数据标准的制定应遵循开放性、兼容性、前瞻性等原则，确保标准的广泛适用和持续更新。

（2）数据标准的制定方法

数据标准的制定可以采用专家咨询、行业调研、国际对标等方法，通过广泛征求意见和反复论证，形成科学合理的标准体系。

2. 行业数据治理的框架与实施

（1）数据治理的框架构建

数据治理框架应包括数据管理、数据安全、数据质量、数据合规等关键要素，形成全面的数据治理体系。

（2）数据治理的实施策略

数据治理的实施需要制定详细的实施计划，包括组织结构调整、流程优化、技术支持等方面的措施，确保数据治理的有效执行。

（四）强化对行业数字化转型的数据赋能

1. 数据分析在业务流程优化中的应用

（1）数据分析的方法与工具

数据分析可以采用统计分析、机器学习、数据挖掘等方法，结合大数据分析平台和工具，如 Hadoop、Spark 等，实现对业务数据的深入分析。

（2）数据分析的实践案例

通过分析客户行为数据、交易数据等，企业可以优化产品推荐、库存管理、营销策略等业务流程，提高运营效率和客户满意度。

2. 数据挖掘在商业机会发现中的作用

（1）数据挖掘的技术与流程

数据挖掘技术包括关联规则挖掘、分类分析、聚类分析等，企业通过这些技术可以从大量数据中发现潜在的商业机会。

（2）数据挖掘的成功案例

例如，通过分析社交媒体数据，企业可以发现消费者的新需求和市场趋势，从而开发新产品或调整市场策略。

3. 数据共享在跨行业合作中的价值

（1）数据共享的模式与机制

数据共享可以采用数据交换、数据联盟、数据开放等模式，通过建立数据共享平台和机制，促进不同行业间的数据流通和合作。

（2）数据共享的实践探索

例如，金融行业与电商行业的数据共享可以帮助金融机构更准确地评估用户信用，同时电商平台也可以提供更个性化的金融服务，实现互利共赢。

三、加大现代服务业与数字经济深度融合的应用场景建设

（一）培育具有“在线、智能、交互”特征的新业态、新模式

1. 基于云计算的服务平台开发

云计算技术，作为一种革命性的信息技术架构，以其独特的弹性扩展和按需付费的特性，为现代服务业的数字化转型提供了强有力的支撑。在服务平台的开发过程中，云计算技术不仅能够实现资源的集中管理和动态分配，有效降低企业的信息技术成本，还能够显著提高服务的响应速度和可靠性，从而为用户带来更

加优质的服务体验。

在设计云服务平台时，必须充分考虑服务的可扩展性、安全性、易用性等关键因素。可扩展性确保了平台能够随着用户需求的增加而平滑地扩展其服务能力，而安全性则是保障用户数据和交易安全的基础，易用性则直接关系到用户体验和服务的市场竞争力。因此，云服务平台的设计不仅要满足当前的业务需求，还要具备前瞻性，能够适应未来技术发展和市场变化的需求。

此外，云服务平台的开发还应结合行业特点，深入挖掘行业痛点和需求，开发出能够解决实际问题的服务功能。例如，金融行业可以开发风险管理、交易监控等专业服务；医疗行业可以开发电子病历、远程诊疗等服务；教育行业可以开发在线学习、智能评估等服务。这些服务功能的开发不仅需要技术支持，还需要对行业有深入的理解和洞察，才能提供真正有价值的服务。

2. 基于人工智能的智能服务推广

随着人工智能技术的飞速发展，其在服务业的应用前景愈发广阔。人工智能技术，涵盖了机器学习、自然语言处理、计算机视觉等多个领域，这些技术的融合与创新正在逐步重塑服务业的运作模式。在服务业的各个细分领域，人工智能的应用都展现出巨大的潜力。

智能服务的实施是一个系统工程，需要结合具体的业务场景和用户需求，制定合理的策略。实施智能服务，首先要明确服务的目标和范围，确定人工智能技术能够解决的核心问题。其次，需要构建高质量的数据集，因为数据是人工智能算法的基础，数据的准确性和完整性直接影响服务的质量和效果。最后，要选择合适的算法模型，并进行持续的优化和迭代，以适应不断变化的业务需求和用户反馈。

以智能客服为例，实施策略包括：首先，通过自然语言处理技术，构建能够理解用户意图的对话系统；其次，利用机器学习算法，分析历史对话数据，优化对话流程和响应策略；最后，通过用户反馈和行为数据不断调整和优化服务模型，提升用户体验。

对于智能推荐系统，实施策略包括：首先，收集和分析用户的行为数据，构建用户画像；其次，利用协同过滤、深度学习等算法，预测用户的兴趣和需求；最后，根据推荐效果和用户反馈调整推荐算法，提高推荐的准确性和用户满意度。

这些策略不仅能够帮助企业有效实施智能服务，还能够推动人工智能技术在服务业的深入应用和持续发展。

3. 基于物联网的交互式服务探索

（1）物联网技术在交互式服务中的应用

物联网技术，作为连接物理世界与数字世界的桥梁，正逐步渗透到交互式服务的各个角落，为服务业的创新与发展注入新的活力。通过物联网技术，服务业能够实现设备的智能化、网络化，进而提供更加丰富、个性化的交互体验。

在智能家居领域，物联网技术使得家中的各种设备（如灯光、空调、安防系统等）能够互联互通，用户可以通过智能手机或语音助手进行远程控制，实现家居环境的智能化管理。在智能健康服务中，物联网设备如可穿戴设备、健康监测器等能够实时收集用户的健康数据，通过分析这些数据，医疗服务提供者可以提供个性化的健康建议和干预措施。在智能交通系统中，物联网技术能够实现车辆的实时定位、交通流量的监控和调度，提高交通效率，减少拥堵和事故的发生。

物联网技术在交互式服务中的应用不仅限于上述领域，它还能够应用于智能零售、智能农业、智能工业等多个行业。通过物联网技术，服务业能够实现对物理环境的实时感知和智能响应，为用户提供更加精准、高效的服务。

（2）交互式服务的创新模式与实践

交互式服务的创新模式是服务业发展的重要驱动力。随着物联网技术的发展，新的服务模式不断涌现，如智能家居、智能健康、智能交通等，这些模式都在尝试通过技术手段提升服务的质量和效率。

在智能家居实践中，服务提供者需要解决设备之间的兼容性问题，确保不同品牌、不同类型的设备能够无缝连接和协同工作。同时，还需要考虑用户的数据隐私保护，确保用户的个人信息和家庭数据安全。此外，用户体验设计也是关键，服务提供者需要设计直观、易用的交互界面，让用户能够轻松地控制和管理家中的智能设备。

在智能健康实践中，服务提供者需要确保收集的健康数据准确可靠，同时要遵守相关的数据保护法规，保护用户的隐私。此外，还需要开发智能算法，对收集的数据进行分析，为用户提供有价值的健康建议。

在智能交通实践中，服务提供者需要解决交通数据的实时收集和处理问题，确保交通系统顺畅。同时，还需要考虑如何通过智能调度减少能源消耗和环境污染，实现可持续发展。

（二）聚焦城市数字化转型的重点领域

1. 智慧城市建设的规划与实施

（1）智慧城市建设的总体规划

智慧城市建设是一项系统工程，涉及城市管理的各个方面，其总体规划需要围绕城市管理、公共服务、产业发展等核心领域展开，以实现城市的智能化、网络化和可持续发展。规划的制定应充分考虑城市的实际情况，包括城市规模、经济发展水平、居民需求等因素，确保规划的科学性和实用性。

在基础设施建设方面，智慧城市规划应包括高速宽带网络、物联网基础设施、云计算中心等关键设施的建设，这些设施是智慧城市运行的基础。数据资源整合是智慧城市规划的另一个重要方面，建立统一的数据平台可以整合来自政府、企业和居民的数据资源，实现数据的共享和高效利用。应用场景开发则将智慧城市的理念转化为实际服务的关键，规划应包括智能交通、智能安防、智能环保、智能教育、智能医疗等多个领域的应用开发。

智慧城市建设的总体规划还应考虑城市的长远发展，制定相应的政策和标准，引导和支持智慧城市相关产业的发展，促进技术创新和产业升级。同时，规划应注重城市居民的参与和反馈，确保智慧城市建设能够真正满足居民的需求，提升居民的生活质量。

（2）智慧城市建设的实施路径

智慧城市建设的实施路径需要明确优先发展的领域和项目，这些领域和项目应能够快速提升城市的智能化水平，改善居民的生活质量，并具有良好的经济效益和社会效益。例如，智能交通系统可以有效缓解城市交通拥堵，提高交通效率；智能能源管理可以优化能源使用，减少能源浪费；智能医疗健康可以提供更加便捷和高效的医疗服务。

智慧城市建设的实施，需要建立跨部门协作机制，打破部门壁垒，实现资源的有效配置和项目的顺利推进。这包括政府各部门之间的协作，以及政府与企业、研究机构、社会组织之间的合作，以确保智慧城市建设的各个项目能够协调一致，形成合力。此外，智慧城市建设的实施路径还应包括技术研发和人才培养。技术研发是智慧城市建设的核心，需要不断推动技术创新，开发新的应用和服务。人才培养则是智慧城市建设的保障，培养一批具有专业知识和技能的人才，可以支持智慧城市的建设和运营。

2. 现代服务业与数字经济融合的应用场景开发

（1）应用场景的识别与选择

在现代服务业与数字经济融合的背景下，应用场景的识别与选择成为推动产业升级和经济发展的重要环节。各市应基于自身的经济结构、产业优势和市场需求，进行深入分析，以识别和选择最具潜力的应用场景。这些场景不仅应体现数字经济的优势，如提高效率、降低成本、增加收入等，还应促进服务业与数字技术的深度融合，推动产业创新和转型。

例如，以制造业为主的城市，可以考虑开发智能制造、供应链管理、产品追溯等应用场景，利用数字技术提升生产效率和产品质量。以服务业为主的城市，可以开发智慧旅游、在线教育、远程医疗等应用场景，提升服务质量和用户体验。此外，开发数字金融、电子商务、智慧物流等跨行业的应用场景，可以促进不同产业之间的协同发展。

在识别和选择应用场景时，还需考虑技术可行性、市场需求、政策支持等因素。技术可行性是指所选场景是否能够利用现有的数字技术实现。市场需求是指所选场景是否能够满足消费者的实际需求。政策支持是指政府是否提供相应的政策或资金支持。综合考虑这些因素可以确保所选应用场景的实际效果和长期发展潜力。

（2）应用场景的开发与推广

应用场景的开发是一个复杂的过程，需要结合最新的数字技术，如大数据分析、云计算、人工智能等，进行创新设计和服务优化。应用场景的开发，应注重技术的先进性和实用性，确保应用场景能够有效解决实际问题，提升服务质量和效率。

例如，智慧旅游场景的开发可以利用大数据分析技术对游客的行为和偏好进行分析，提供个性化的旅游推荐和服务。在线教育场景的开发可以利用云计算技术提供稳定可靠的在线学习平台，利用人工智能技术提供智能辅导和评估服务。远程医疗场景的开发可以利用物联网技术实现医疗设备的远程监控和数据采集，利用人工智能技术提供智能诊断和治疗建议。

应用场景的推广应注重用户体验和市场反馈，不断优化服务内容和运营模式。分析用户体验和市场反馈可以揭示问题和不足，进行相应的调整和优化，提升应用场景的市场竞争力和用户满意度。此外，应用场景的推广还需要考虑市场营销和品牌建设。有效的市场营销和品牌建设可以提升应用场景的知名度和影响力，促进其快速普及和广泛应用。

（三）分级分类有序推进应用场景开放

1. 核心场景的优先开发

（1）核心场景的界定与特点

核心场景的界定是城市数字化转型和现代服务业发展的关键环节，它指的是那些对城市发展具有深远影响、能够引领和带动其他相关场景发展的关键应用场景。这些场景通常基于成熟或即将成熟的数字技术，如大数据、云计算、物联网、人工智能等，这些技术的应用能够确保场景的稳定运行和持续创新。核心场景的市场需求强烈，它们往往针对的是城市发展中的紧迫需求，如解决交通拥堵、环境污染、医疗资源分配不均等问题，这些问题的解决能够显著提升居民的生活满意度。核心场景的开发和应用能够带动相关产业链的发展，如智能交通场景能够促进汽车制造、电子信息、软件服务等产业的发展。此外，核心场景的成功实施能够产生广泛的社会影响，提升城市的国际形象，吸引投资和人才，促进城市的可持续发展。

在界定核心场景时，需要综合考虑技术、市场、政策、产业和社会等多方面因素，确保所选场景能够真正成为城市发展的引擎。技术成熟度是核心场景选择的重要指标，它关系到场景的实施效果和可持续性。市场需求则是推动场景发展的原动力，只有满足市场需求，场景才能得到广泛应用和推广。政策支持是场景成功的重要保障，政府的引导和支持能够为场景开发提供必要的资源和环境。产业带动效应是核心场景的一个重要特点，它能够促进产业链的整合和升级，形成新的经济增长点。社会影响力则是衡量核心场景成功与否的重要标准，一个成功的核心场景不仅能够解决实际问题，还能够提升城市的整体竞争力和居民的生活质量。

核心场景的界定和开发是一个复杂的过程，它需要跨学科、跨领域的合作和创新。在这个过程中，不仅需要技术专家的参与，还需要市场分析师、政策制定者、产业规划师等多方面的专业人士共同协作。通过这种多维度的合作，可以确保核心场景的界定既符合技术发展的趋势，又满足市场的需求，同时还能够得到政策的支持，最终实现产业的发展和社会的进步。

（2）核心场景的开发策略

核心场景的开发策略是城市数字化转型和现代服务业发展的关键，它采取集中资源、重点突破的方法，确保这些关键场景能够迅速实现并高效运行。这一策略的核心在于整合和优化配置技术研发、市场调研、政策制定等多方面的资源和能力，形成一个协同推进的工作机制。

在技术研发方面，核心场景的开发需要依托前沿科技，如人工智能、大数据分析、物联网等，这些技术的深度融合和创新应用是实现场景功能的基础。因此，需要建立跨学科的研究团队，吸引顶尖科学家和工程师参与，确保技术解决方案的先进性和实用性。同时，技术研发应注重与产业界的合作，通过产学研用相结合的方式，加快技术成果的转化和应用。

市场调研是核心场景开发不可或缺的一环，它能够帮助开发者准确把握市场需求，设计出符合用户期望的服务和产品。市场调研应包括对目标用户群体的深入分析，了解他们的需求和偏好，同时也需要对竞争对手进行全面的分析，以便在市场中找到差异化的竞争优势。此外，市场调研还应关注潜在的市场趋势和变化，为场景的持续优化和升级提供依据。

政策制定是支持核心场景开发的重要保障。政府的激励和支持措施，包括财政补贴、税收优惠、法规调整等，可以降低场景开发的风险和成本，促进场景的快速落地。政策制定还应考虑场景的长远发展，为其提供稳定和可持续的政策环境。同时，政府加强与企业的沟通和协调可以确保政策的实施能够真正满足场景开发的需求。

2. 其他场景的逐步扩展

（1）其他场景的分类与选择

在城市数字化转型和现代服务业发展的进程中，其他场景的分类与选择是一个关键环节。这些场景与核心场景的关系、技术实现的难易程度以及市场的发展潜力是场景分类和选择时必须考虑的主要因素。

第一，关联度是评估其他场景与核心场景关系的一个重要指标。紧密关联的场景能够与核心场景形成互补，共享资源和技术，从而提升整体服务生态的效率和效果。例如，智能交通系统作为核心场景，其紧密关联的场景如智能停车、智能导航等，能够为核心场景提供更细致的服务，同时也能从核心场景中获取数据支持，增强服务的精准性和实用性。

第二，技术难度是决定其他场景开发可行性的关键因素。技术难度较低的场景通常意味着开发周期短、成本低，能够快速实现并产生经济效益。这类场景的开发可以作为技术积累和人才培养的基础，为更高技术难度的场景开发提供支持。例如，智能照明系统虽然技术难度不高，但其快速部署和节能效果显著，能够为城市带来直接的经济和环境效益。

第三，市场潜力是评估其他场景长期发展前景的重要考量。具有巨大市场潜力的场景往往能够吸引更多的投资和创新资源，形成规模效应，推动相关产业链的发展。例如，智慧医疗、智能教育等场景不仅满足了人们对健康和教育的基本需求，而且随着技术的进步和政策的支持，这些场景的市场潜力将不断释放，成为推动社会进步的强大动力。

在进行其他场景的分类与选择时，还需考虑场景的可持续性和社会责任。场景的开发不仅要追求经济效益，还要考虑到环境保护、资源节约、社会公平等长远因素。例如，在开发智慧能源管理场景时，我们不仅要关注能源的高效利用，还要确保能源的分配公平，减少能源贫困现象，促进社会的整体福祉。

（2）其他场景的开发路径

其他场景的开发路径呈现一种层进式的特征，这一过程是从核心场景向外围场景延伸的连续谱。在这个过程中，开发团队应当遵循由易到难、由点到面的原则，确保每一步的发展都为下一步奠定坚实的基础。这种开发策略不仅能够有效降低风险，还能够逐步提升场景的技术含量和服务水平，最终形成一个多元、丰富且完善的服务生态系统。

从技术角度来看，其他场景的开发首先应当聚焦于那些技术难度相对较低、易于实施的解决方案。这样的场景能够快速带来可见的成果，同时也为团队提供了宝贵的经验和技术积累。

随着技术难度的逐渐提升，开发团队应当开始尝试那些技术含量更高、系统更为复杂的场景。这些场景的开发不仅需要深厚的技术功底，还需要团队具备跨学科的知识储备和创新能力。例如，智慧医疗场景的开发涉及医疗健康、大数据分析、人工智能等多个领域的知识，它的开发不仅能够提升医疗服务的效率和质量，还能够推动医疗技术的创新。

从应用层面来看，其他场景的开发应当从点到面，逐步实现服务的全面覆盖。这意味着应当在核心场景的基础上逐步引入新的应用和服务，不断丰富服务生态的内涵。例如，在智能交通系统的核心场景中，可以逐步引入车辆自动驾驶、车联网服务、智能交通信号管理等新的应用，这些应用不仅能够提升交通系统的整体效率，还能够为用户提供更加便捷和个性化的服务。

在开发过程中，还需要注重场景之间的协同和整合。不同的场景之间往往存在着相互依赖和相互促进的关系，通过有效的协同和整合，可以实现资源的最优配置，提升服务生态的整体效能。例如，构建一个统一的数据平台可以实现不同场景之间的数据共享和分析，从而为用户提供更加全面和精准的服务。此外，其他场景的开发还应当充分考虑可持续性和社会责任。这意味着，在追求经济效益的同时，还需要关注环境保护、资源节约和社会公平等因素。例如，在开发智慧能源管理场景时，应当注重能源的高效利用和公平分配，减少能源贫困现象，促进社会的可持续发展。

四、发挥集聚区作为现代服务业与数字经济融合载体的支撑作用

（一）重点加大对示范载体中数字化平台的扶持力度

1. 资金支持与政策优惠

（1）资金支持的必要性与方式

资金支持是推动数字化平台建设的关键因素之一。没有足够的资金支持，数字化平台的建设和运营将难以进行。政府可以通过设立专项基金、提供贷款贴息、投资引导等方式，为数字化平台的发展提供必要的资金保障。

设立专项基金是一种常见的资金支持方式。政府可以针对数字化平台的特点和需求，设立专门的基金，以支持数字化平台的建设和发展。例如，设立数字化产业发展基金可以支持数字化产业的研发、建设和运营。

提供贷款贴息是另一种有效的资金支持方式。政府可以为参与数字化平台建设的企业提供贷款贴息，降低企业的融资成本，鼓励更多的企业参与到数字化平

台的建设中来。

投资引导也是一种重要的资金支持方式。政府可以通过引导基金的投资，推动社会资本投向数字化平台建设领域。例如，设立引导基金引导社会资本投向数字化平台建设领域。

（2）政策优惠的设计与实施

政策优惠是推动数字化平台建设的另一重要手段。它包括税收减免、土地使用优惠、人才引进支持等。这些政策的制定应考虑数字化平台的特点和需求，确保政策的针对性和有效性。

税收减免是政策优惠的一种重要方式。政府可以为数字化平台企业提供税收减免，降低其运营成本，增强其市场竞争力。例如，政府可以为数字化平台企业提供企业所得税减免，或者对其研发投入给予税收抵扣。

土地使用优惠是另一种政策优惠方式。政府可以为数字化平台企业提供土地使用优惠，降低其用地成本，鼓励其投资建设。例如，政府可以提供低价土地或者免费土地，以吸引企业投资数字化平台建设。

人才引进支持也是政策优惠的重要内容。政府可以通过提供人才引进支持，吸引更多的优秀人才投入数字化平台建设领域。例如，政府可以为数字化平台企业提供人才引进补贴，或者为其员工提供优惠的住房政策。

2. 技术指导与人才培养

在技术不断迭代、市场竞争日益激烈的背景下，政府、企业和学术界需共同努力，为数字化平台提供有力的技术支持和人才保障。

第一，技术指导的重要性与内容。技术指导对于数字化平台的建设和发展具有至关重要的作用。它可以帮助平台解决技术难题，提升技术水平，从而提高其市场竞争力。技术指导的内容包括提供技术咨询、组织技术交流、协助技术研发等服务。

提供技术咨询是技术指导的一种重要方式。政府、企业和学术界可以共同为数字化平台提供技术咨询服务，帮助其解决在建设和发展过程中遇到的技术问题。此外，专家团队还可以为数字化平台提供定制化的技术解决方案。

组织技术交流是另一种重要的技术指导方式。政府可以定期举办技术研讨会、讲座、培训等活动，邀请国内外知名专家和学者分享最新的技术研究成果和应用案例。这将有助于数字化平台了解行业发展趋势，把握技术发展方向。

协助技术研发是技术指导的关键环节。政府可以设立专项资金，支持数字化平台的企业进行技术研发。此外，政府还可以鼓励企业与高校、科研院所建立产学研合作机制，共同开展技术研发和创新。

第二，人才培养的策略与方法。人才培养是数字化平台可持续发展的关键。政府和企业应合作建立人才培养机制，如设立培训项目、提供实习机会、支持学历教育等，以培养适应数字化发展的高素质人才。

设立培训项目是人才培养的重要途径。政府和企业可以共同投入资源，为数字化平台的工作人员提供专业培训，提升其业务水平和技能。培训项目可以涵盖新技术、新政策、新流程等内容，以满足数字化平台发展的需求。

提供实习机会是培养数字化人才的有效手段。政府可以和企业以及高校合作，为在校大学生提供实习机会，让他们在实际工作中锻炼技能，积累经验。此外，高校可以设立数字化相关专业，培养具备专业知识和技能的数字化人才。

（二）培育综合性平台，开发并推广数字化解决方案

1. 综合性平台的构建与功能

（1）综合性平台的定义与目标

综合性平台是指集成了多种服务功能，能够提供一站式解决方案的平台。它通过整合各类资源，实现服务流程的优化，提高服务效率，降低企业运营成本。综合性平台的目标是为用户提供高效、便捷、个性化的服务，推动行业的创新和发展。

综合性平台的定义涵盖了多个层面。从技术角度看，综合性平台需要具备大数据、云计算、人工智能等先进技术，为其服务提供支持。从业务角度看，综合性平台需要整合各类业务流程，提供全面的服务解决方案。从用户角度看，综合性平台需要关注用户需求，提供便捷、个性化的服务。

综合性平台的目标是多方面的。首先，资源整合可以提高服务效率，降低企业运营成本，提升企业的竞争力。其次，一站式解决方案可以简化用户的操作流程，提高用户体验。最后，推动行业的创新和发展可以实现平台的可持续发展。

（2）平台功能的开发与优化

平台功能的开发应围绕用户需求，不断优化服务流程，提升用户体验。这包

括数据分析、智能决策、远程协作等核心功能的开发与迭代。

数据分析是综合性平台的核心功能之一。对大量数据的收集、处理和分析可以提供精准的用户画像，为用户提供个性化的服务。同时，数据分析还可以帮助企业发现新的商业机会，提升企业的竞争力。

智能决策是综合性平台的另一个重要功能。它运用人工智能技术，提供智能化的决策支持，帮助企业做出更准确的决策。智能决策功能可以涵盖多个方面，如预测分析、风险评估、优化推荐等。

远程协作是综合性平台的另一个核心功能。在数字化、信息化的背景下，远程协作功能可以帮助企业实现跨地域、跨部门的合作，提高工作效率。远程协作功能可以包括实时通讯、文件共享、视频会议等。

2. 数字化解决方案的开发与推广

（1）解决方案的创新与定制

数字化解决方案应结合行业特点，创新服务模式，提供定制化的解决方案。这要求平台具备强大的研发能力和市场洞察力。

创新是数字化解决方案开发的核心。平台需要不断探索新的技术应用，如人工智能、大数据分析、物联网等，以创新服务模式，满足不同行业的特定需求。例如，在制造业中，数字化解决方案可能包括智能生产调度、质量控制和供应链优化；而在金融服务业，解决方案可能涉及风险管理、客户关系管理和交易处理优化。

定制化是数字化解决方案的关键。平台需要深入理解不同行业的业务流程和痛点，提供针对性的解决方案。这要求平台具备强大的研发能力，能够根据客户的具体需求，快速开发和部署定制化的解决方案。此外，平台还需要有市场洞察力，能够预见行业发展的趋势，提前布局，为客户提供前瞻性的解决方案。

（2）解决方案的推广策略

解决方案的推广需要有效的市场营销和用户教育。这包括线上线下结合的推广活动、用户培训、案例分享等，以提高解决方案的市场认知度和接受度。

市场营销是推广解决方案的重要手段。平台需要制定全面的市场营销策略，包括线上广告、社交媒体推广、行业会议等，以提高解决方案的知名度。同时，平台还需要通过线下活动，如研讨会、工作坊等，与潜在客户建立面对面的联系，深入了解客户需求，提供个性化的服务。

用户教育是推广解决方案的另一个关键环节。平台需要通过用户培训、在线教程等方式，帮助用户理解和掌握解决方案的使用方法。此外，平台还可以通过案例分享，展示解决方案在实际应用中的效果，从而增强潜在客户的信心。

第六章 数字经济、电子商务与服务业协同创新

第一节 协同创新的概念与特征

一、协同创新的基本概念

协同创新是指在创新过程中，不同主体之间通过合作与共享资源，共同实现创新目标的一种方式。传统的创新模式通常是由单个企业或机构独立开展研发活动，而协同创新则强调多方参与、资源共享和风险分担的理念，通过构建开放式创新生态系统，整合各方的优势资源和创新要素，加快创新成果的转化和推广，从而推动整个产业链的创新与发展。

协同创新的实施通常涉及多个层面和角度。首先，协同创新需要明确创新的主体和参与者。这些参与者可以包括企业、政府、研究机构、高校等多方力量，彼此之间需要建立互信和合作的关系。其次，协同创新需要建立有效的组织和制度机制，确保各方能够有效地协同工作。这包括建立协同创新平台、制定协同创新政策等。再次，协同创新需要充分利用信息和通信技术，促进信息的共享和传递，提高协同创新的效率和质量。最后，协同创新还需要注重知识产权保护和成果分享机制，确保各方在协同创新中能够公平分享成果，激励创新活动的持续开展。

二、协同创新的主要特征

（一）多方参与

协同创新突破了传统创新模式下单一主体独立开展创新活动的局限性，强调了多方参与、资源共享的理念。在协同创新中，各参与主体可以是政府、企业、

高校、研究机构等，参与方通过合作与协作实现创新目标，形成开放式的创新生态系统。

（二）资源共享

各参与主体在创新过程中共享各自的资源，包括技术、资金、人才等。各参与主体可以充分利用各自的优势资源，实现资源的优化配置，提高创新效率。资源共享还可以促进知识和经验的传递与交流，推动创新成果的产生与应用。

（三）风险共担

各参与主体在创新过程中共同承担风险。在传统创新模式下，单一主体独立承担创新风险，风险成本较高。而在协同创新中，各参与主体通过合作与协作，共同承担创新过程中的风险，降低了创新的风险成本。风险共担还促进了各参与主体之间的合作与信任，推动了协同创新的顺利进行。

第二节　数字经济与电子商务在创新中的角色

一、数字经济与电子商务对创新的促进作用

（一）数字经济的促进作用

1.数字经济与信息资源的广泛性

在数字经济的浪潮中，信息资源的边界被数字技术无限拓展，为创新者打开了通往全球知识宝库的大门。这一变革不仅极大地丰富了创新的原材料，也为知识的生产与传播注入了前所未有的活力。云计算和大数据分析技术的崛起，使得对海量信息的快速处理和智能分析成为可能，创新者得以洞察市场需求、预见技术趋势、捕捉创新机会。这些技术的应用如同智慧的灯塔，照亮了创新者前行的道路，引导他们在信息的海洋中航行，发现未知的宝藏。

数字经济的另一大贡献在于推动了开放式创新。企业、研究机构以及个人通过开放数据平台和协作网络得以跨越地理和行业的界限，共享资源，协同解决复杂问题。这种开放的创新模式打破了传统的封闭式创新壁垒，促进了知识的自由流动和创新的跨界融合。在这样的生态系统中，每一个参与者都有机会成为创新的贡献者，共同推动创新生态系统的繁荣发展。

数字经济与信息资源的广泛性，不仅为创新提供了丰富的土壤，也为经济的增长和社会的进步做出了重要贡献。

2. 数字经济与交流合作的便捷性

在数字经济的蓬勃发展中，交流合作的便捷性成为推动创新与进步的强大引擎。社交媒体、即时通信、在线会议等工具的广泛应用，极大地降低了沟通成本，提升了沟通效率，使得跨地域、跨行业的合作变得触手可及，让创新的想法得以迅速传播和碰撞。

在线协作平台，为团队提供了实时协作的环境，它们如同现代的数字工坊，让团队成员无论身处何地，都能同步工作，共同推进项目。这些平台不仅促进了项目管理和团队协作的效率，也加快了创新项目的推进速度，使得创新成果能够更快地从概念走向现实。

数字经济还催生了众包、众筹等新型合作模式，这些模式通过广泛的社会参与，汇聚了智慧和资源，推动了创新的多元化。众包让全球的智慧汇聚一堂，共同解决难题；众筹则让创新者能够直接从民间筹措资金，让创意得以实现。这些新型合作模式不仅为创新提供了新的动力，也反映了社会对创新参与度的提升，展现了数字经济时代创新生态的包容性与活力。

3. 数字经济与创新模式和商业模式的变革

在数字经济的浪潮中，创新模式和商业模式经历了一场深刻的变革。传统的线性创新模式逐渐让位于网络化、开放式的创新模式，企业在这一过程中不再是孤立的创新主体，而是转型为创新网络中的一个活跃节点。这种转变意味着企业需要更加开放地与外部环境互动，与供应商、客户、研究机构乃至竞争对手建立合作关系，共同推动创新的步伐。数字技术的应用，尤其是云计算、大数据、人工智能等，为企业提供了强大的工具，使得个性化定制、按需生产等新型商业模式成为可能。这些商业模式能够更好地满足消费者多样化、个性化的需求，推动了产品和服务创新的不断涌现。

数字经济还催生了共享经济、平台经济等新型经济形态，这些形态通过优化资源配置，提高了经济效率，为创新提供了新的增长点。共享经济通过共享资源，减少了资源的浪费，提高了资源的使用效率；平台经济则通过构建生态系统，促进了多方参与者的互动与合作，推动了创新的快速迭代。这些新型经济形态不仅改变了传统的生产与消费模式，也为社会经济的发展带来了新的动力。

数字经济与创新模式和商业模式的变革为企业带来了新的发展机遇，对整个社会经济结构产生了深远的影响。在这个变革的时代，企业需要不断适应新的市场环境，拥抱数字技术，探索新的商业模式，以保持竞争力。同时，政府和社会各界也需要关注这些变革带来的挑战，如数据安全、隐私保护、市场公平等问题，共同营造一个有利于创新和可持续发展的环境。

（二）电子商务的促进作用

1. 电子商务与消费者参与的直接性

在电子商务的蓬勃发展过程中，消费者参与的直接性成为推动市场创新与进步的重要力量。电子商务平台通过提供便捷的购物体验，让消费者能够随时随地浏览和购买商品。这种直接性不仅极大地提升了消费者的购物便利性，也使得消费者能够更快速地反馈对产品的意见和建议。这些反馈对于生产者来说至关重要，它们可以帮助生产者及时了解消费者的需求和偏好，从而调整产品设计和营销策略，更好地满足市场需求的变动。此外，电子商务平台还通过用户评价、社区讨论等功能，促进了消费者与生产者之间的互动。这些功能不仅为消费者提供了表达意见和建议的渠道，也为生产者提供了一个了解消费者需求的直接途径。在这种互动中，生产者可以及时获得市场的反馈，而消费者则可以参与到产品的创新过程中，这种互动性和参与性极大地提升了消费者对产品的认同感和忠诚度。

2. 电子商务与销售渠道的直接性

在数字时代的浪潮中，电子商务重塑了销售渠道的格局，为生产者与消费者之间的互动开辟了新的路径。传统零售模式中繁复的中间环节被电子商务所消除，生产者得以直接面对消费者，这一变革极大地降低了交易成本，提高了市场效率。消费者能够以更为优惠的价格获得商品，而生产者则能够更快速地响应市场变化，实现供需的精准匹配。

电子商务平台为创新产品提供了迅速进入市场的通道，使得这些产品能够快速获得曝光和销售机会。这种直接性加速了创新成果的商业化进程，使得创新不再局限于实验室或研发部门，而是能够迅速转化为市场上的实际产品，满足消费者的需求。电子商务的这种能力，不仅推动了产品的快速迭代，也为创新型企业提供了展示自身实力和吸引投资的舞台。此外，电子商务平台提供了多样的营销工具和数据分析服务，这些工具和服务帮助企业精准定位目标市场，优化营销策略。企业通过大数据分析能够深入了解消费者的购买行为和偏好，从而制定更为有效的营销计划，提高创新产品的市场竞争力。这种基于数据的精准营销，不仅提升了营销活动的效率，也使得消费者能够获得更为个性化的购物体验。

电子商务不仅改变了商品的流通方式，也深刻影响了企业的运营模式和市场策略。在这个过程中，企业需要不断适应新的市场环境，利用电子商务平台提供的工具和服务，提升自身的竞争力。同时，消费者也从中受益，他们能够享受到更为便捷、个性化的购物体验。随着电子商务技术的不断进步，我们有理由相信，电子商务与销售渠道的直接性将继续推动市场的创新与发展，为全球经济的繁荣注入新的活力。

3. 电子商务与商业模式的创新

电子商务的兴起宣告了一个新时代的到来，它改变了人们的购物习惯，推动了商业模式的创新。在这个时代，实体店铺的传统销售模式正逐渐向在线商店的电子商务模式转变，这一转变为企业带来了前所未有的机遇和挑战。通过建立自己的电子商务网站或利用第三方平台，企业能够实现全天候、全球化的销售，打破了传统商业的时间和地域限制，极大地拓宽了市场边界。

电子商务的应用，对企业运营产生了深远的影响。它推动了库存管理方式的革新，通过实时监控和管理库存，企业能够精准掌握库存状况，有效减少库存积压，降低运营成本。同时，电子商务提高了资金周转效率，企业能够更加灵活地运用资金，提升整体的运营效率。这种对传统商业模式的颠覆和创新，不仅提升了企业的竞争力，也为消费者带来了更多的选择和便利。此外，电子商务还促进了订阅服务、按需服务等新型商业模式的发展。这些模式通过提供持续的服务和个性化的体验，增强了客户黏性，推动了商业模式的创新。

电子商务与商业模式的创新是一种技术进步，更是一种商业模式的颠覆和重构。它要求企业重新审视自身的运营模式和市场策略，不断创新和适应新的市场环境。同时，电子商务也带来了一系列的挑战，如消费者隐私保护、数据安全等问题，需要企业和社会共同面对和解决。

二、创新中数字化与电商的协同效应

（一）数字化技术为电商提供了更多的创新可能性

在当今这个信息化飞速发展的时代，数字化技术已经成为电商创新的重要驱动力。大数据分析技术，作为其中的佼佼者，通过挖掘和分析消费者的购买历史、浏览习惯以及社交媒体行为等海量数据，为电商平台提供了深入洞察消费者需求的能力。这种能力不仅帮助电商平台精准定位市场，优化库存管理，减少过剩和缺货的风险，还使得电商平台能够提供更加个性化的商品推荐，从而增强用户粘性，提升购物体验。此外，大数据分析还能够预测市场趋势，帮助电商平台及时调整营销策略和产品布局，快速响应市场变化，抓住商机。

人工智能技术，尤其是机器学习和深度学习算法，也在电商领域展现出巨大的潜力。通过分析用户的购买历史、浏览行为和社交网络数据，人工智能技术能够构建用户画像，实现精准的个性化商品推荐。这种推荐系统不仅提高了用户的购物满意度，也提升了电商平台的转化率和销售额。同时，人工智能技术还被应用于智能客服系统，通过自然语言处理和语音识别技术，智能客服能够理解用户的问题并提供即时响应，大大提高了客户服务的效率和质量。智能客服系统还能够 24 小时不间断工作，从而降低人力成本，提升用户体验。

物联网技术的发展为电商带来了全新的产品和服务模式。通过在产品中嵌入传感器和连接设备，物联网技术使得产品能够实现智能化和互联互通。电商平台可以销售智能家电、可穿戴设备等智能产品，提供更加丰富的产品线。这些智能产品能够收集用户的使用数据，通过分析这些数据，电商平台可以提供更加个性化的服务，如智能家居控制、健康管理等。此外，物联网技术还可以应用于供应链管理，通过在物流和仓储环节部署传感器和追踪设备，实现对商品状态的实时监控和管理。这种实时监控有助于减少库存损失，提高物流效率，降低运营成本。

（二）电商的发展带动了数字化技术的应用

电商平台对高效、精准运营的追求，催生了数字化技术的创新与发展。这种需求如同催化剂，加速了大数据、人工智能、物联网等前沿技术的研发与迭代，推动了数字经济的蓬勃发展。在这个过程中，电商平台成为数字化技术应用的试验场和展示窗口，不断探索和实践新技术，以满足消费者多样化的需求，提升用户体验。

电商平台的商业模式创新，更是数字化技术应用推广的强大动力。电商平台不断演进，从最初的在线购物平台，到如今的社交电商、直播带货等多元化模式，每一次商业模式的创新都伴随着数字化技术的深度应用。例如，社交电商通过整合社交网络与电子商务，利用大数据分析用户行为，实现精准营销；直播带货则结合视频直播技术与电商交易，通过实时互动提升购物体验。这些创新模式不仅丰富了电商的形态，也促进了数字化技术在更广泛领域的应用，推动了数字经济与实体经济的深度融合。

数字经济与实体经济的融合，是电商发展带动数字化技术应用的另一个重要方面。电商平台的发展促进了线上线下的融合，实体店铺通过数字化转型，利用电商平台进行销售和营销，实现了线上线下的无缝对接。这种融合不仅为消费者提供了更加便捷的购物体验，也为实体店铺带来了新的增长点。同时，电商平台的数字化需求还推动了整个产业链的数字化升级。从生产制造到物流配送，再到售后服务，整个产业链都在利用数字化技术提高效率和质量。这种数字化升级不仅提升了产业链的整体竞争力，还促进了实体经济与数字经济的深度融合。

在这一过程中，数字化技术的应用不仅仅是技术层面的创新，更是商业模式、服务理念乃至整个社会经济结构的深刻变革。电商平台应当把握这一历史机遇，积极拥抱数字化转型，以创新驱动发展，以科技引领未来。同时，电商平台也需要关注数据安全和隐私保护等问题，确保技术的健康发展。数字化技术的应用，正如同一把双刃剑，既带来了无限的可能性，也伴随着挑战与风险。因此，电商平台在追求技术创新的同时，更应注重技术的合理应用，确保技术进步服务于社会经济的可持续发展。

三、制定协同创新战略的基本步骤

（一）明确创新目标

在制定协同创新战略的过程中，明确创新目标是奠定成功基础的首要步骤。这一阶段的核心任务是界定清晰的创新愿景和目标，确保所有参与方对创新的方向和预期成果有共同的理解和期待。明确创新目标不仅涉及对现有问题的深刻洞察，还包括对未来市场和技术趋势的预判。

1. 创新目标的设定应基于对市场需求的深入分析

在创新战略的制定过程中，创新目标的设定是至关重要的环节，它直接关系到创新活动的方向和成效。这要求创新团队具备对目标市场的深刻洞察力，能够准确把握消费者的行为模式、偏好倾向以及潜在需求。通过系统的市场调研和精细的数据分析，创新团队可以揭示市场中的空白点，即那些消费者需求尚未得到充分满足的领域。这些未被满足的需求往往隐藏着巨大的创新机会，它们是创新目标设定的关键依据。

市场调研是企业了解消费者需求的基础工具，它通过问卷调查、深度访谈、焦点小组等方法收集第一手资料，帮助创新团队建立起对市场的直观认识。数据分析则是在此基础上进行的深入挖掘，它运用统计学、数据挖掘等技术手段，对收集到的数据进行处理和解读，以发现数据背后的规律和趋势。这些规律和趋势往往能够指向消费者行为的深层次原因，为创新目标的设定提供科学依据。

在设定创新目标时，创新团队不仅要关注当前的市场需求，还要具备前瞻性，预测未来的市场变化。这就要求团队成员具备敏锐的市场洞察力和丰富的行业经验，能够从宏观经济趋势、技术发展动态、社会文化变迁等多个维度进行综合分析，从而设定出既符合当前需求又具有前瞻性的创新目标。

此外，创新目标的设定还应考虑到组织的资源和能力。一个切实可行的创新目标应当与组织的资源状况相匹配，既不应过于保守，也不应过于激进。创新团队需要评估组织在技术、资金、人才等方面的实力，确保设定的创新目标既有挑战性，又是可实现的。同时，创新目标的设定还应考虑到创新活动的风险和不确定性，制定相应的风险管理策略，以确保创新活动的稳健进行。

2. 创新目标应考虑技术发展的趋势

技术作为推动创新的重要驱动力，其进步是不可忽视的因素。新技术如同涌动的泉水，不断为创新活动注入活力，开辟新的可能性，从而推动产品或服务的革新。因此，创新目标的设定必须紧密结合对相关技术成熟度和应用前景的全面评估，确保创新活动能够紧跟技术发展的步伐，甚至走在技术前沿，引领行业变革。

技术成熟度是评估新技术是否适合应用于创新活动的重要指标。它涉及技术的稳定性、可靠性、成本效益比等多个方面。一个技术如果尚未成熟，可能会带来较高的风险和不确定性，而一个成熟的技术则能够为创新提供坚实的基础。因此，创新团队在设定目标时，需要对技术的成熟度进行细致的分析，评估其是否已经达到可以商业化应用的阶段。

应用前景的评估则是对技术未来发展潜力的预测。这需要创新团队具备前瞻性的视野，能够从宏观的技术发展趋势、行业需求变化、政策环境支持等多个角度进行综合考量，判断出哪些技术具有广阔的市场空间和增长潜力，从而在创新目标的设定上做出明智的选择。

在实际操作中，创新目标的设定应是一个动态的过程，它要求创新团队保持对技术发展趋势的持续关注和快速响应。随着技术的不断进步和市场环境的变化，创新目标可能需要进行相应的调整。这种灵活性和适应性是创新活动成功的关键，它要求创新团队不仅要有深厚的技术背景，还要有敏锐的市场洞察力和灵活的战略调整能力。

3. 明确创新目标需要考虑组织自身的资源和能力

创新目标的设定，必须与组织的战略方向保持高度一致，如同星辰指引航船，确保创新之旅沿着正确的轨迹前行。同时，组织在人才、资金、技术等方面的实际能力，是支撑创新目标实现的重要基石。通过深入的内部资源评估，创新团队能够确保其设定的目标既有挑战性，能激发组织的潜能，又具备实现的可能性，避免陷入不切实际的空想。

人才是组织最宝贵的资源，是创新活动的核心驱动力。在设定创新目标时，必须充分考虑组织现有的人才结构和能力水平。这不仅包括技术研发人员的专业技能，还包括市场营销、项目管理、财务分析等各个领域的专业人才。创新团队需要评估组织是否拥有足够的人才储备，以及这些人才是否具备实现创新目标所需的知识、技能和经验。如果存在人才缺口，组织需要考虑通过培训、招聘或合作等方式来弥补这一不足。

资金是创新活动的血液，是推动创新项目从概念到现实的关键因素。在设定创新目标时，创新团队必须对组织的财务状况进行全面评估，包括现有的资金储备、预期的资金流入和流出、以及潜在的资金风险。这要求创新团队不仅要关注创新项目的直接成本，还要考虑到研发周期、市场推广、生产规模扩大等各个阶段的财务需求。创新团队通过合理的资金规划可以确保创新目标的实现不会因为资金短缺而受阻。

技术能力是组织实现创新目标的另一重要支撑。在设定创新目标时，创新团队需要评估组织在相关技术领域的研发能力、技术积累和创新潜力。这包括对现有技术平台的评估，以及对新技术引进和自主研发能力的考量。创新团队需要确保组织具备足够的技术实力，以应对创新过程中可能遇到的技术难题，并能够持续推动技术进步。

4. 建立有效的沟通和反馈机制

在创新活动的复杂舞台剧中，各参与方如同紧密协作的演员，他们的理解和共识是推动剧情发展的关键。因此，建立一套有效的沟通和反馈机制，对于确保所有参与方对创新目标的理解一致性，以及及时调整和优化创新目标，以适应外部环境的变化，具有至关重要的作用。

沟通是信息传递和理解共享的基础。在创新目标的设定和实施过程中，各参与方需要通过沟通来确保对创新目标的理解是一致的，包括对创新目标的价值、期望、时间表和关键节点等要素的共识。各参与方可以通过定期的会议、报告和讨论分享自己的想法和观点，讨论遇到的挑战和问题，共同寻找解决方案。这种开放和透明的沟通文化有助于各方建立信任和共识，推动创新活动的顺利进行。

反馈是创新活动不可或缺的组成部分。通过建立有效的反馈机制，各参与方可以及时了解到创新目标的实施情况，包括进展、成果和潜在的障碍。这要求创新团队设立明确的反馈渠道，鼓励各参与方主动提供反馈意见，包括正面和负面的反馈。创新团队通过收集和分析反馈信息可以及时调整和优化创新目标，以应对外部环境的变化和挑战。

（二）建立合作平台

建立合作平台是协同创新战略实施中的关键环节，它为不同创新主体之间的互动和资源共享提供了基础。合作平台的建立不仅需要考虑技术层面的可行性，还需要考虑组织层面和制度层面的支持。

1. 在技术层面

合作平台应具备高效的信息交流和资源共享功能。这通常涉及建立一个集成的信息系统，该系统能够支持实时数据交换、远程协作和知识管理。此外，合作平台还应具备一定的灵活性和可扩展性，以适应不同创新项目的需求变化。

2. 在组织层面

建立合作平台需要明确各参与方的角色和责任。这包括确定各方的投入资源、预期贡献和利益分配机制。合作平台的成功建立和运作，很大程度上依赖于各参与方之间的信任和承诺。因此，建立一套有效的合作机制和冲突解决机制至关重要。

3. 在制度层面

合作平台的建立还需要考虑相关的政策和法规支持。这可能涉及知识产权保护、数据安全和隐私保护等方面的问题。通过与政府和行业协会的合作，可以为合作平台提供必要的政策支持和法律保障。

（三）制定实施计划

制定实施计划是确保协同创新战略顺利实施的关键步骤。实施计划应详细规划创新活动的各个阶段，包括任务分解、时间安排、资源分配和风险管理等。

1. 明确各项创新任务的具体内容和目标

这要求对创新项目进行细致的分解，将大的创新目标分解为可操作的小任务。每个任务都应有明确的输出成果和完成标准，以确保创新活动的质量和效率。

2. 合理安排时间节点

时间管理是创新活动成功的关键因素之一。制定详细的时间表有助于确保各项任务按时完成，避免项目延期。同时，时间表还应预留一定的缓冲时间，以应对不可预见的风险和挑战。

3. 合理分配资源

资源包括人力、资金、技术和设备等。资源分配应基于各任务的实际需求和优先级，确保关键任务能够获得足够的支持。同时，资源分配还应考虑成本效益，确保创新活动的经济可行性。

4. 风险管理

创新活动往往伴随着不确定性和风险。识别潜在的风险因素并制定相应的应对策略，可以降低风险对创新活动的影响。风险管理还包括建立一套监控和评估机制，以实时跟踪创新活动的进展和效果，及时调整实施计划。

第三节　服务业协同创新的成功案例

一、美团、大众点评与 O2O 模式的协同创新

（一）美团与大众点评发展现状

2015 年 10 月 8 日美团和大众点评达成战略合并协议。合并之后的两家公司加强优势互补，在战略方面形成协同效应，共同推动行业整合及升级。美团和大众点评在此基础上继续发展业务并独立运营，形成了独特的商业发展模式，整合了美团和大众点评的独特差异优势，产生了显著的协同效应，并完善了良好的生态环境。

1. 协同效应显著

2015 年 11 月，美团与大众点评携手并进，将线上线下资源融为一体，涵盖餐饮、娱乐、购物等多重领域，实现了从虚拟到现实的完美过渡。美团以其卓越的运营与销售实力著称，然而在战略规划上曾遭遇挑战；大众点评则拥有深厚的行业洞察和经验，两者结合，如同智者与勇士的联姻，巩固了市场领导地位。二者优势互补，不仅增强了自身的竞争力，也提升了行业的准入门槛，使得美团与大众点评的协同效应得以充分发挥，焕发新生。

2. 生态环境良好

在餐饮行业中，订单管理一直是管理难点。传统上，订餐处理依赖人工，高峰期易导致订单混乱，顾客点餐与上餐时间不匹配。人工智能技术的引入有效解决了这一问题。它能够实时接收并排序订单，避免混乱，减少人力需求，降低工作难度。此外，人工智能技术能即时分析订单，提供准确的取餐时间，增强顾客体验。

（二）美团与大众点评 O2O 模式分析

在过去 O2O 的竞争中，美团以团购起家，重交易的属性与生俱来，收入来自扣点。大众点评倾向导流，以广告宣传为主。随着 O2O 行业的整改。O2O 模式已经从前期分裂式发展，转变为融合式发展，标志着行业 O2O 模式进入优化

整合期。因此我们在此基础上更应该注重美团大众业务的整合与创新，合并之后导流与营销环节，这些都是美团大众极具特色的O2O发展模式核心点。

1. 业务整合与创新

O2O市场的蓬勃发展离不开坚实的技术基础。美团与大众点评虽然保持独立运营，但它们都依托于一个综合性强、数据丰富的平台资源库，为移动应用提供支持。从产品设计到日常运营，从线上服务到线下体验，从商户管理到用户服务，O2O模式更倾向于构建一个广阔的平台，并采用前沿技术。这种技术的应用不仅影响着行业内的竞争格局，更是人才和技术积累的体现。在技术条件的坚实支撑下，美团与大众点评为O2O模式的发展奠定了坚实的基础。

2. 线上线下导流与营销策略

（1）导流环节

导流策略在O2O商业模式中扮演着至关重要的角色。美团与大众点评实施的一项关键战略是将线下流量引入线上平台，同时在维护一线和二线客户的基础上，不断提升他们的满意度和品牌认可度。公司重点关注三线和四线城市的用户群体，采用传统的市场营销策略，如鼓励消费者通过扫描二维码来下载移动应用程序，并结合线上的优惠活动来提升消费者的产品认知和消费习惯。

在线上导流方面，美团与大众点评专注于利用社交媒体平台和细分的应用程序来吸引用户，利用社交聚集效应来增加流量。通过线上和线下导流的协同作用，公司能够将商业机会转化为销售成果，有效地将人流量转化为客流量，再将客流量转化为现金流。这种全方位的导流策略不仅可以增强用户的黏性，还可以为企业带来可持续的增长动力。

（2）营销环节

在O2O模式中，营销策略主要侧重于线上，同时辅以线下活动。美团与大众点评利用其积累的大数据资源，结合第三方平台的数据，进行深入的整合与分析，以实现精准的点对点营销。在云计算技术的支持下，公司能够高效处理大量数据，获取全面的横向和纵向市场信息。通过人工智能技术的应用，美团与大众点评能够从宏观到微观细致地分析市场环境，生成精准的市场量化资料，这不仅有助于更精准的市场推广，也帮助公司扩大了市场份额。这些技术的应用极大地便利了营销决策过程，直接提升了交易额，增强了公司在行业中的竞争力。

二、案例启示

（一）强调多方合作

协同创新不仅仅是企业内部的合作，更包括了与外部合作伙伴（如其他企业、科研机构、政府部门等）之间的合作。这种多方合作的模式使得各方能够充分利用各自的优势资源，实现资源共享、优势互补，从而推动创新发展。

1. 创新生态圈建设

创新生态圈的构建是一个系统工程，它依赖多元主体的共同参与和互动。首先，建立一个开放的平台，吸引各类创新主体，包括企业、高校、研究机构、投资者和创业者等。在这个平台上，各种创新资源，如技术、人才、资本和信息等，可以集聚和交换，形成一个充满活力的创新网络。其次，这个生态圈需要有一个良好的创新环境，鼓励试错和风险承担，促进知识的传播和技能的转移。最后，还需要有一套完善的激励机制，激发各方的积极性和创造力。企业通过这些措施，可以加速创新的过程，推动技术的迭代和升级，最终实现产业的发展和繁荣。

2. 产学研合作

产学研合作是连接科学研究与产业发展的重要桥梁。在这种合作模式下，企业、高校和科研院所紧密合作，共同推动科技创新。企业提供市场需求和资金支持，高校和科研院所提供科学研究和技术创新，三者的结合使得科研成果能够快速转化为实际生产力。这种合作不仅提高了科技创新的效率，也促进了科技在服务业等领域的广泛应用。此外，产学研合作还能够培养一批具有创新能力和实践经验的人才，为产业的可持续发展提供人力支持。

3. 行业联盟建设

行业联盟是由行业内相关企业自发组成的合作组织，旨在共同解决行业面临的共性问题，推动行业的创新和发展。行业联盟通过建立协调机制，促进会员之间的信息交流和资源共享，共同应对市场竞争和政策变化。此外，行业联盟还承担着制定行业标准和规范的责任，确保行业的健康和可持续发展。通过这些活动，行业联盟能够增强行业内的合作与协调，提高行业的整体竞争力。

（二）注重用户体验

用户体验是协同创新过程中至关重要的一环。美团成功的关键之一就是不断优化用户体验，通过深入了解用户需求，不断改进产品和服务，提升了用户的粘性和忠诚度，推动了企业的持续发展。

1. 用户参与式创新

用户参与式创新是一种将用户置于创新过程中心的方法。这种方法的核心在于鼓励用户积极参与产品和服务的创新过程，倾听用户的声音，收集他们的反馈和建议，以便企业能够更准确地理解用户的需求和期望。这种参与不仅限于产品设计阶段，还包括产品测试、市场反馈和持续改进等各个环节。企业通过这种方式能够确保其产品和服务与用户的需求紧密对齐，从而提高用户的满意度和忠诚度。此外，用户参与式创新还能够增强用户的归属感和参与感，进一步提升他们对品牌的认同和忠诚。

2. 个性化定制服务

在数字化时代，个性化定制服务已成为提升用户体验的重要手段。通过大数据分析、人工智能和机器学习等技术，企业能够深入挖掘用户数据，分析用户的行为模式和偏好，从而为用户提供定制化的产品和服务。这种个性化服务不仅能够满足用户的特定需求，还能够提升用户的体验和满意度。例如，企业通过分析用户的搜索历史和购买记录，可以推荐符合用户兴趣的产品或服务，或者提供个性化的优惠和促销活动。这种定制化的服务不仅能够增加用户的购买意愿，还能够提高用户的忠诚度和口碑传播。

3. 强调服务质量

服务质量是用户体验的重要组成部分，它直接关系到用户对企业的信任和认可。在服务行业中，优质的服务体验能够显著提升用户的满意度和忠诚度。为了提高服务质量，企业需要从多个维度进行努力，包括提供快速响应的服务、确保服务的可靠性和一致性以及提供友好的客户支持等。此外，企业还需要不断监控和评估服务质量，及时发现问题并采取改进措施，以确保用户获得高质量服务，从而增强用户对品牌的信任度和忠诚度。

（三）敏锐抓住市场机遇

成功案例中的企业都能够敏锐地抓住市场机遇，及时调整策略，实现了创新发展。协同创新过程中，企业需要密切关注市场变化，灵活调整战略，抓住机遇，才能在竞争激烈的市场中立于不败之地。

1. 敏感市场变化

市场变化的敏感性是企业能否抓住机遇的前提。企业需要通过多种渠道和方法，如市场研究、数据分析、消费者洞察等，来密切关注市场的微妙变化。这包括但不限于消费者行为的变化、竞争对手的动态、行业趋势的演变以及宏观经济环境的影响。企业敏锐捕捉这些变化才能及时调整其产品和服务策略，以满足市场的需求和预期。例如，企业发现消费者对环保产品的需求增加时，可以迅速推出环保系列产品，从而抓住市场机遇，实现持续发展。

2. 灵活机动应对竞争

在竞争激烈的市场环境中，企业的灵活性和机动性是保持竞争优势的关键。这意味着企业需要快速响应市场变化，及时调整其战略和运营模式。这种灵活性不仅体现在产品和服务上，还包括营销策略、供应链管理、组织结构等多个方面。例如，面对竞争对手的新产品发布，企业可以迅速推出更具创新性的产品，或者通过价格策略、促销活动等方式来应对竞争挑战。此外，企业还需要建立一个灵活的组织结构，以便快速决策和行动，从而在竞争中保持领先地位。

3. 创新发展模式

创新是企业持续发展的动力源泉。企业需要不断探索新的发展模式，寻找突破口，以实现可持续发展。这包括技术创新、商业模式创新、管理创新等多个层面。例如，通过引入人工智能、大数据等先进技术，企业可以提高生产效率，优化客户体验，从而增强竞争力。同时，企业还可以探索新的商业模式，如平台化、生态化等，以适应市场的变化和需求。此外，企业还需要创新管理方法，如敏捷管理、精益管理等，以提高组织的效率和响应速度。

第七章　政策与法规环境下的数字经济与电子商务发展

第一节　国家政策对数字经济与电子商务的支持

一、国家政策对数字经济发展的引导

（一）数据确权制度的完善

国家政策强调了对数据确权的重要性，旨在明确数据主体、报酬定价和流转配置。这包括制定数据资源确权、开放、流通、交易相关制度，以及完善数据产权保护制度。《民法典》和《个人信息保护法》为个人信息和数据的保护提供了法律基础，但仍需进一步强化数据权属问题的法律法规。

（二）数据要素合法流通

为了保障数据要素和数据资产的合法流通，国家着力于建立健全数据要素流通和数据资产流转的交易规则，以及建立数据流通交易中的责、权、利相互对称机制。这包括加强行政法规和政策研究，探索交易范式，以及培育数据商和第三方专业服务机构，以促进数据产品的开发和数据资产的合规化、标准化、增值化服务。

（三）维护数据要素市场竞争环境

国家政策强调了加大反垄断和反不正当竞争的执法力度和执法水平，以确保数据要素市场的正常有序规范竞争。同时，推动数据要素效益最大化和效率最大化，充分发挥市场配置资源的决定性作用，并加强反垄断和反不正当竞争执法，规范交易行为，构建公平有序的竞争环境。

（四）加强数据安全确保数据要素流通合规

针对数据要素市场的特殊性，国家正逐步建立健全数据流通平台监管制度，以加强数据安全治理，推动完善数据分级分类安全保护制度，构建数据安全风险防控体系，同时，加强标准规范的制定和宣贯，从安全标准制定、数据要素安全执法等角度出发，配套系列数据要素安全治理技术手段，以保障信息安全、保护个人隐私，并最大限度发挥数据要素价值。

二、政策对电子商务创新的支持

（一）政府监管保障我国电子商务的发展

在数字经济的浪潮中，电子商务如同一艘乘风破浪的巨轮，承载着无数消费者的期待与信任。为了确保这艘巨轮能够安全、稳健地航行，政府的监管显得尤为重要。

政府对电子商务进行全程监管，对企业经营、配送、服务等行为进行全方位的规范。禁止一切虚假广告及欺骗消费者的行为，加大对网上虚假信息、恶意网站的查处力度，提高维护电子商务的市场秩序。不断提高网络监管水平，加大对信息化网络化的投入，政府建立监管网站，向群众介绍电子商务的优势。定期检查曝光违法企业及交易行为，接受消费者的相关投诉，及时受理并回复，维护广大消费者的合法权益。政府监管的完善是维护市场秩序的需要，更是推动电子商务持续健康发展的重要保障。

（二）政府建立完善的信用体系

在电子商务领域，建立完善的信用体系是推动市场经济健康发展的关键。与传统线下交易相比，电子商务对交易双方的信用要求更为严格。消费者对电子商务企业的不信任感，是制约电子商务进一步发展的重要因素。

政府应重视建立完善的信用体系，通过设立市场准入门槛，加强对电子商务企业的审核，以及保护消费者个人信息，来增强消费者对电子商务企业的信任。这将有助于激发消费者的购买欲望，促进电子商务的发展。

三、法规对服务业协同创新的影响

1. 法规对数据共享与技术合作的规范作用

（1）数据共享的法律框架

建立数据共享的法律框架为服务业与其他行业间的信息交流提供了明确的法

律依据。这种框架不仅确保了数据共享的安全性和合规性，还促进了跨行业间的信息流通，为协同创新提供了丰富的数据资源。法规的这一作用，使得服务业能够更有效地利用外部数据资源，加速了创新过程。

（2）技术合作的法律支持

法规对技术合作的规范，为服务业与其他行业间的技术交流和合作提供了法律支持。明确技术合作的权利和义务可以降低合作双方的法律风险，增强合作的稳定性。这种法律支持促进了技术的快速传播和应用，为服务业的技术创新提供了有力支撑。

2. 法规对创新平台建设的推动作用

（1）孵化器与创新中心的建设规范

法规对孵化器和创新中心的建设提出了明确的规范要求，确保了这些平台的建设质量和运营效率。法规的支持使得这些平台能够更好地聚集创新资源，为服务业与科研机构、高校等机构的合作提供了良好的物理空间和政策环境。

（2）创新资源的有效聚集

法规可以提供政策支持，帮助创新平台有效地聚集人才、技术和资金等创新资源。这种资源的聚集为服务业的协同创新提供了坚实的基础，促进了创新成果的快速孵化和市场化。

（3）知识流动的促进

法规对知识产权共享的支持，促进了知识的流动和创新成果的转化。通过合理的知识产权安排，法规可以确保知识创造者的权益得到保护，同时也鼓励知识的广泛应用，推动服务业的创新发展。

3. 法规对市场公平竞争的维护

（1）市场行为的规范

法规可以规范市场行为，防止不正当竞争和市场垄断，为创新成果的市场化创造公平的竞争环境。这种规范可以确保所有市场参与者都能在公平的条件下竞争，促进市场的健康发展。

（2）创新成果市场化的监管

法规对创新成果市场化的监管，可以确保市场的透明度和公平性，防止市场操纵和欺诈行为，保护消费者和创新者的利益，为创新成果的市场化提供良好的法律环境。

第二节 国际经验与对我国的启示

一、国际上成功的数字经济与电商发展经验

（一）技术创新与应用的深度融合

1. 云计算与大数据的广泛应用

在国际数字经济的发展中，云计算和大数据技术的应用已成为推动经济增长的关键因素。企业通过高效的数据存储和处理能力，能够实现资源的优化配置和服务的个性化定制，极大地提高了运营效率和市场竞争力。

2. 人工智能与机器学习的创新应用

人工智能和机器学习技术的应用，使得电商平台能够提供更为精准的用户推荐和智能客服服务，极大地提升了用户体验和满意度。这些技术的应用不仅加速了商品流通，还促进了商业模式的创新。

（二）政策环境的优化与支持

1. 数字经济政策的制定与实施

许多国家通过制定和实施一系列支持数字经济的政策，为电商企业提供了税收优惠、资金支持和市场准入便利等政策支持。这些政策的实施，为电商企业的发展创造了良好的外部环境。

2. 知识产权保护的强化

在国际上，强化知识产权保护已成为促进数字经济健康发展的重要措施。严格的知识产权法律体系保护了创新者的合法权益，激励了更多的技术创新和应用。

（三）跨境电商的发展与合作

1. 跨境电商平台的建设

跨境电商平台的建立可以促进商品和服务的国际流通。这些平台不仅简化了跨境交易的流程，还降低了交易成本，为中小企业提供了进入国际市场的机会。

2. 国际合作与规则制定

国际合作和国际贸易规则制定推动了跨境电商的发展。例如，各国签订自由贸易

协定和电子商务协定可以简化跨境电商的监管流程，促进全球电商市场的统一和开放。

二、国际经验对我国数字经济与电商发展的启示

（一）加强技术创新与应用的推广

1. 提升云计算与大数据的应用水平

我国应进一步推动云计算和大数据技术在电商领域的应用，建立更为完善的数据中心和云服务平台，提升数据处理能力和服务质量。

2. 深化人工智能与机器学习的应用

我国电商企业应加大对人工智能和机器学习技术的研发投入，通过技术创新提升用户体验和运营效率，推动电商行业的智能化升级。

（二）优化政策环境，提供更多支持

1. 制定针对性的数字经济政策

政府应深入分析电商行业的发展现状和未来趋势，结合国内外市场环境，出台一系列针对性的政策措施。这些政策不仅应包括税收优惠，还应提供资金支持，如设立专项基金、提供贷款担保等，帮助电商企业解决融资难题。同时，市场准入便利化也是必不可少的，政府应简化审批流程，降低市场准入门槛，鼓励更多的创新型电商企业进入市场。此外，政府还应关注电商行业的国际合作，推动跨境电商的发展，为电商企业拓展国际市场提供政策支持。

2. 加强知识产权保护

知识产权是技术创新的核心，也是企业竞争力的重要体现。我国应进一步完善知识产权法律体系，确保知识产权的立法、执法和司法环节都能够有效地保护创新者的合法权益。政府应加大对知识产权侵权行为的打击力度，提高侵权成本，形成对侵权行为的强大震慑。同时，政府还应加强知识产权的宣传教育，提高公众的知识产权意识，营造尊重和保护知识产权的社会氛围。此外，政府还应推动建立知识产权交易市场，促进知识产权的流通和转化，为技术创新提供更多的商业化机会。

（三）推动跨境电商的发展与国际合作

在全球经济一体化的今天，跨境电商已成为连接世界市场的重要桥梁，对于推动国际贸易、促进经济发展具有不可忽视的作用。为了进一步推动跨境电商的

发展与国际合作，我国政府和企业应当采取一系列有效措施。

第一，建设高效的跨境电商平台是基础。这不仅要求平台具备强大的技术支撑，能够处理大量的交易数据，还要求平台能够提供一站式的服务，包括商品展示、交易撮合、支付结算、物流配送等。政府应鼓励和支持企业开发先进的跨境电商技术，如大数据分析、人工智能、区块链等，以提高平台的运营效率和用户体验。同时，政府还应简化跨境交易的流程，比如通过优化海关清关程序、提供税收优惠政策等，降低交易成本，为中小企业提供进入国际市场的便利通道。此外，政府还应加强对跨境电商平台的监管，确保平台的合规运营，保护消费者和商家的合法权益。

第二，加强国际合作，参与国际规则制定是关键。我国应积极参与国际组织的活动，如世界贸易组织（WTO）、亚太经合组织（APEC）等，通过签订自由贸易协定和电子商务协定，推动国际电商市场的统一和开放。这不仅有助于我国电商企业拓展国际市场，还能够提升我国在国际贸易规则制定中的话语权。政府应推动建立多边或双边的跨境电商合作机制，如建立跨境电商合作区、举办国际电商论坛等，促进国际间的经验交流和资源共享。同时，政府还应关注国际电商市场的动态，及时调整国内政策，以适应国际市场的变化。

在推动跨境电商的发展与国际合作的过程中，我国还应注重培养跨境电商人才。政府应支持高等院校和职业学校开设跨境电商相关课程，培养具有国际视野和专业技能的电商人才。同时，政府还应鼓励企业与高校合作，开展实习实训项目，提高学生的实践能力。此外，政府还应支持跨境电商领域的研究和创新，鼓励企业和科研机构开展跨境电商技术研发，推动跨境电商行业的持续发展。

第三节　政策与法规的创新与调整

一、政策与法规创新的必要性

（一）数字经济的快速发展与政策法规的滞后

1. 数字经济的迅猛增长

随着互联网技术的飞速发展，数字经济已成为推动全球经济增长的新引擎。在我国，数字经济规模不断扩大，对 GDP 的贡献率逐年提升，成为推动经济转型升级的重要力量。数字经济的迅猛增长得益于多方面因素的综合作用。首先，信息技术的飞速发展为数字经济的兴起提供了基础支撑。云计算、大数据、人工智能等新一代信息技术的广泛应用，极大地促进了数字经济的发展。这些新技术的不断突破和创新，为数字经济的蓬勃发展提供了强大动力。其次，我国数字经济政策的积极推动也是数字经济迅猛增长的重要原因。政府出台了一系列扶持政策，包括加大对数字经济的投入、鼓励创新等，为数字经济的发展提供了有力支持。最后，消费升级和产业升级的需求不断增长，也推动了数字经济的快速增长。随着人们生活水平的提高和消费观念的变化，数字经济在消费领域的应用得到了进一步拓展。同时，产业升级对于提升生产效率和降低成本具有重要意义，数字经济为此提供了重要支持。

2. 政策法规的滞后问题

与数字经济的快速发展相比，我国现行的政策法规在一定程度上存在滞后现象。这些法规往往难以适应数字经济的新特点和新需求，限制了数字经济的进一步发展。造成政策法规滞后的原因主要包括以下几个方面：首先，数字经济具有较强的创新性和快速变革性，政策法规跟不上技术发展的速度。由于数字经济的发展速度较快，政策制定和调整的周期相对较长，导致政策法规无法及时适应数字经济的新变化。其次，我国现行的政策法规存在一定的保守性和刚性。在数字经济快速发展的背景下，政策法规需要更加灵活和开放，才能更好地促进数字经济的发展。最后，部分政策法规存在监管盲区，无法有效监管数字经济领域的新业态和新模式。数字经济的发展带来了新的业态和模式，但相关监管政策尚未跟上，存在监管滞后的问题。

（二）电子商务的多元化需求与政策法规的单一性

1. 电子商务的多元化发展

电子商务作为数字经济的重要组成部分，其发展呈现出多元化趋势。传统的B2C、C2C模式已经不再是电子商务的唯一形式。随着移动互联网、大数据、人工智能等技术的不断发展，新兴的电子商务模式不断涌现，如O2O、社交电商、直播电商等。这些新模式的出现，丰富了电子商务的形态，拓展了电子商务的应用场景，推动了电子商务行业的进一步发展。首先，O2O模式的兴起将线上线下融合，为消费者提供更加便捷的购物体验。通过O2O模式，消费者可以在线上选择商品，线下体验服务，极大地提升了消费者的购物体验和满意度。其次，社交电商的崛起，借助社交平台为消费者提供购物推荐和分享交流的功能。社交电商通过社交化的购物方式，吸引了大量年轻用户，成为电商发展的新热点。此外，直播电商，通过直播形式展示商品，与消费者进行实时互动，提升了消费者对商品的信任度和购买欲望。直播电商的出现，为传统电商注入了新的活力，成为电商行业的一大创新。

2. 政策法规的单一性挑战

当前我国电子商务领域的政策法规相对单一，未能充分考虑到电子商务的多元化特点。首先，当前电子商务领域的政策法规主要集中在 B2C 和 C2C 模式上，对于新兴模式如 O2O、社交电商、直播电商等缺乏专门的政策支持和规范，导致这些新模式在发展过程中面临政策上的不确定性。其次，电子商务领域的监管主体相对分散，监管政策不够协调一致。电子商务涉及的领域较广，监管主体涉及多个部门，导致监管政策的协调性不足，存在监管空白和重复监管的问题。另外，部分地方政府对电子商务的政策支持力度不够，未能有效激发当地电子商务的发展活力，造成了地区间的发展差距。

（三）国际竞争与合作的新要求与政策法规的适应性不足

1. 国际竞争与合作的加剧

在全球化背景下，数字经济和电子商务领域的国际竞争与合作日益加剧。随着信息技术的不断发展和全球市场的日益一体化，企业面临的国际竞争压力越来越大。国际竞争不仅体现在产品和服务的价格、质量等方面，更体现在技术创新、品牌建设、市场拓展等方面。同时，随着跨境电商、数字经济等新兴领域的兴起，国际竞争格局也在发生着深刻变化，我国企业面临的挑战和机遇更加复杂和多样化。

国际竞争的加剧，也催生了国际合作的新需求。在数字经济和电子商务领域，跨国企业之间、跨国政府之间、跨国组织之间的合作日益密切，形成了复杂的国际合作网络。国际合作不仅可以降低企业的成本，提高效率，还可以促进技术创新，拓展市场，提升企业的国际竞争力。

2. 政策法规的适应性问题

我国现行的政策法规在适应国际竞争与合作方面存在不足，需要进一步创新和调整，以提升我国企业的国际竞争力。具体表现在以下几个方面：首先，我国现行的政策法规对于数字经济和电子商务领域的国际竞争与合作缺乏针对性和灵活性。由于国际竞争与合作的形式多样，政策法规往往无法及时适应新形势下的需求。其次，我国政策法规在跨境电商、数字经济领域的监管不够完善，存在一些制度性障碍。例如，跨境电商领域的税收政策、海关监管政策等需要进一步完善，以促进我国企业在国际市场上的竞争力。

二、政策与法规创新的路径

（一）加强政策研究，提升政策的前瞻性和针对性

1. 深入研究数字经济的发展趋势

政府应加强对数字经济发展趋势的研究，把握数字经济的发展规律，为政策制定提供科学依据。首先，要深入分析数字经济的发展现状和趋势，包括数字经济在 GDP 中的比重、行业结构、技术应用等方面的情况，为政策制定提供准确的数据支持。其次，要研究数字经济发展的影响因素，包括技术创新、政策环境、市场需求等方面的因素，为政策调整和优化提供参考。最后，要关注国际数字经济发展的动态，借鉴和吸收国际经验，为我国数字经济的发展提供借鉴。

2. 制定针对性的政策措施

根据数字经济的发展需求，政府应及时制定和调整政策措施，促进数字经济的健康发展。首先，要制定支持数字经济发展的政策措施，包括加大对数字经济的投入、优化政策环境、鼓励创新等方面的政策。其次，要制定促进数字经济与实体经济融合发展的政策，推动数字经济与传统产业的深度融合，提升传统产业的数字化水平。最后，要制定促进数字经济国际合作的政策，加强国际合作与交流，推动数字经济的全球化发展。

（二）优化政策环境，提升政策的灵活性和适应性

1. 简化政策流程，提高政策执行效率

政府应当简化政策制定和执行的流程，提高政策的灵活性和适应性。首先，政府可以简化政策的制定流程，减少繁文缛节，提高政策的制定效率。其次，政府可以简化政策的执行流程，减少中间环节，提高政策的执行效率。最后，通过简化流程，可以更快地响应市场变化，更好地促进数字经济的发展。

2. 加强政策协同，形成政策合力

政府部门之间应加强协同配合，形成政策合力，共同推动数字经济和电子商

务的发展。首先，各部门应加强沟通和协调，共同制定和调整政策，形成一致的政策方向。其次，各部门应加强信息共享，共同研究和解决数字经济发展中的问题，形成政策合力。通过加强协同，可以更好地整合资源，推动数字经济和电子商务的协调发展。

（三）加强国际合作，提升政策的国际影响力

1. 参与国际规则制定，提升国际话语权

我国应积极参与国际规则的制定，提升在国际舞台上的话语权，为我国企业争取更多的发展空间。首先，我国应加强与国际组织和其他国家的合作，参与国际规则的制定，争取我国在数字经济领域的利益得到充分保障。其次，我国应积极参与国际会议和论坛，发表我国的观点和主张，提升我国在国际舞台上的影响力和地位。通过参与国际规则制定，可以更好地推动我国数字经济的健康发展，提升我国在国际舞台上的话语权。

2. 加强与其他国家的政策交流与合作

通过与其他国家的政策交流与合作，我国可以借鉴国际先进经验，不断完善自身的政策法规体系。首先，我国应加强与其他国家的政策交流，了解其他国家在数字经济领域的政策措施和做法，为我国政策制定提供参考。其次，我国应加强与其他国家的政策合作，共同解决数字经济发展中的共性问题，推动数字经济在全球范围内的健康发展。通过加强与其他国家的政策交流与合作，可以促进我国数字经济的创新发展，提升我国的国际影响力。

三、政策与法规的调整策略

（一）及时修订现有法规，消除政策障碍

1. 定期评估现有法规的适用性

政府应定期对现有法规进行评估，及时发现并解决法规中存在的问题，消除政策障碍。首先，政府可以建立法规评估机制，定期对现有法规进行评估，了解法规的实施效果和存在的问题。其次，政府可以根据评估结果，及时调整和修订现有法规，消除法规中存在的障碍，促进数字经济的健康发展。

2. 修订不合时宜的法规条款

对于那些已经不合时宜的法规条款，政府应及时进行修订，确保法规与时俱

进。首先，政府可以建立法规修订机制，及时对不合时宜的法规条款进行修订。其次，政府可以借鉴国际经验，吸收新思想，确保修订后的法规符合当前数字经济发展的需求。通过修订不合时宜的法规条款，可以消除政策障碍，促进数字经济的健康发展。

（二）加强法规实施监督，确保政策效果

1. 建立健全法规实施监督机制

政府应建立健全法规实施的监督机制，确保法规得到有效执行。首先，政府可以建立法规执行监督机构，负责监督法规的执行情况。其次，政府可以建立法规执行信息系统，及时记录和反馈法规执行情况，为监督提供数据支持。通过建立健全的监督机制，可以提高法规的执行效率，确保政策的实施效果。

2. 加强法规执行情况的评估与反馈

通过定期评估法规的执行情况，政府可以及时了解法规的实施效果，为后续的政策调整提供依据。首先，政府可以建立法规执行评估制度，定期对法规的执行情况进行评估。其次，政府可以根据评估结果，及时调整和优化法规，提高法规的适应性和有效性。最后，通过加强法规执行情况的评估与反馈，可以提高法规的执行效果，促进数字经济的健康发展。

（三）强化法规宣传教育，提升公众认知

1. 加大法规宣传力度

在法治社会建设的过程中，加大对法规的宣传力度是提升公民法治意识、促进社会和谐稳定的重要途径。政府应当采取多元化的策略，通过新闻媒体、互联网等现代传播手段，广泛而深入地宣传法规的内容及其在社会治理中的重要作用。这不仅有助于公众理解法规的实质，还能够增强法规的权威性和约束力。此外，政府还应组织专题讲座、座谈会等形式多样的活动，直接与公众进行面对面的交流，详细解读法规的条文，阐释其在实际生活中的应用，从而提高公众对法规的认同感和遵守意识。通过这些举措，可以有效地提升公众对法规的认知度，促进法规的广泛遵守，进而推动法治社会的建设。

在宣传法规的过程中，政府应当注重宣传内容的科学性和针对性。法规宣传不应仅仅停留在表面的条文解释，更应深入剖析法规背后的立法精神和法治理念，引导公众从更高的层面理解法规的意义。例如，在宣传环境保护法规时，不仅要

讲解具体的法律条文，还要阐述环境保护与可持续发展的关系，以及每个公民在环境保护中的责任和义务。这样的宣传方式有助于提升公众的法治素养，使公众不仅知法守法，更能从内心深处认同法治的价值。

同时，政府在宣传法规时还应考虑到不同群体的接受能力和需求差异。对于普通公众，可以采用通俗易懂的语言和生动的案例，使法规内容更加贴近生活，易于理解。对于专业人士或特定行业，则可以提供更为详尽和专业的解读，帮助他们准确把握法规的精髓。此外，政府还应利用现代信息技术，如社交媒体、移动应用等，打造互动性强、覆盖面广的法规宣传平台，使法规宣传更加便捷、高效。

2. 开展法规教育培训

在法治社会的构建中，法规教育培训扮演着至关重要的角色。它不仅是提升公众法规意识的有效途径，也是为法规的顺利实施营造良好社会氛围的基础。政府应当采取系统而全面的方法，通过组织法规培训班、讲座等形式，邀请法律专家和学者深入浅出地讲解法规的内涵与实践意义，从而提高公众对法规的理解和认知。这种教育培训不应局限于理论的传授，更应结合实际案例，使公众能够在具体情境中体会法规的应用，增强法规的现实感和可操作性。

此外，政府还应充分利用学校、企业等社会机构，将法规宣传教育融入日常教学和企业文化中，培养公众遵守法规的意识和习惯。在学校教育中，可以通过开设法治教育课程，将法规知识与学生的道德教育、公民教育相结合，从小培养学生的法治观念。在企业层面，可以通过组织内部培训、制定合规手册等方式，确保员工了解并遵守相关法规，从而降低企业运营的法律风险。

法规教育培训的开展，还需要注重方法的创新和多样化。政府可以利用现代信息技术，如网络课程、移动学习应用等，打破时间和空间的限制，使法规教育更加便捷和普及。同时，政府还应鼓励社会组织、非政府机构等多元主体参与到法规教育中来，形成全社会共同参与的良好局面。这种多元化的参与不仅能够丰富法规教育的内容和形式，还能够提高法规教育的覆盖面和影响力。

为确保法规教育培训的效果，政府还应建立健全评估和反馈机制。通过定期的评估，政府可以了解法规教育培训的实施情况和公众的接受程度，及时调整教育策略，提高教育质量。同时，政府还应鼓励公众对法规教育培训提出意见和建议，使教育培训更加贴近公众的需求，更加符合社会的实际。

第八章　结论与展望

第一节　研究发现总结

一、主要研究发现

本书通过对数字经济、电子商务与现代服务业的研究，得出了一系列重要结论。首先，数字经济和电子商务已经成为现代经济的重要组成部分，对经济增长和产业升级起到了积极推动作用。数字经济以数字技术为基础，通过数字化的生产、流通、消费和管理方式，推动经济社会全面数字化的经济形态。电子商务经历了从早期的 B2C、C2C 模式到现在的 O2O、社交电商等多种业态和模式的发展演变，成为现代服务业的重要组成部分。其次，现代服务业作为经济的重要支柱，正面临着数字化转型和创新发展的挑战与机遇。现代服务业以提供服务为主要特征，包括商业服务、金融服务、信息服务、文化服务等多个领域，是经济发展的重要支撑。数字经济和电子商务的快速发展促进了现代服务业的数字化转型和创新发展，推动了服务业的高质量发展。最后，数字经济、电子商务与现代服务业之间存在着密切的互动关系，它们互相促进、共同发展。数字经济对服务业创新发展的推动作用日益凸显，电子商务在全球化背景下的发展呈现出多元化和国际化的特点，现代服务业在数字化转型中逐步向智能化、个性化方向发展。以上结论揭示了数字经济、电子商务与现代服务业之间的紧密联系和共同发展的趋势，为进一步研究和推动这些领域的发展提供了重要参考依据。

二、重要数据与结果的总结

本研究通过充分的实证数据和案例分析，深入揭示了数字经济、电子商务与现代服务业发展的实际情况和趋势。在数字经济方面，数据显示，数字经济已成为全球经济增长的新引擎，对 GDP 的贡献率逐年提升，是推动经济转型升级的重要力量。在电子商务方面，数据显示，电子商务在全球化背景下呈现出多元化和国际化的发展趋势，各种业态和模式不断涌现，推动了商业模式的创新和服务质量的提升。在现代服务业方面，数据显示，现代服务业正面临着数字化转型和创新发展的双重挑战和机遇，数字经济和电子商务的快速发展为现代服务业的发展提供了重要支持和推动力。

第二节　理论贡献、实践意义与建议

一、对理论研究的贡献总结

首先，本书通过对数字经济、电子商务与现代服务业的关系进行深入分析，提出了一系列新观点和新理念，丰富了相关理论体系。传统经济理论主要关注物质生产和交换，而本书则从数字化、网络化的角度重新审视经济活动的本质和规律，为理解当代经济提供了新的思路和视角。其次，本书在研究方法和框架上进行了创新探索，为相关研究提供了新的思路和方法。传统研究方法往往局限于单一领域的分析，而本书则采用了跨学科的研究方法，结合经济学、信息学、管理学等多个学科的理论，深入探讨了数字经济、电子商务与现代服务业之间的关系，为相关领域的研究提供了新的视角和思路。

二、对学术领域的启示和补充

首先，本书通过对数字经济、电子商务与现代服务业的关系进行系统梳理，为相关研究提供了新的研究视角和思路。传统经济学、管理学往往将数字经济、电子商务和现代服务业视为相对独立的研究领域，而本研究则从宏观的角度对它们进行了整合和关联，揭示了它们之间紧密的联系和相互作用。其次，本书提出了一些新的研究命题和方向，为学术界未来的研究提供了参考。例如，本书提出了数字经济、电子商务与现代服务业协同创新的概念，强调了它们之间的互动与合作，为未来研究提供了新的研究思路。最后，本书还对数字经济、电子商务与现代服务业的发展趋势进行了深入分析，为学术界对未来发展趋势的预测提供了依据。

三、研究结果对实际应用的启示

首先，在政府层面，研究结果为政府部门的政策制定提供了重要参考依据。针对数字经济、电子商务和现代服务业的发展，政府应加强政策支持，优化法规环境，推动创新发展。政府可以通过制定更加开放和灵活的政策，为数字经济和电子商务提供良好的发展环境和政策支持，进而推动经济的持续增长。其次，在企业层面，本研究提出了一系列实践建议，包括加强技术创新、拓展市场空间、提升服务质量等。企业应积极融入数字经济和电子商务的发展中，加强与科研机构和高校的合作，共同开展技术研发，提升自身的技术水平和创新能力。最后，企业还应注重提升服务质量，建立良好的服务体系，提高客户满意度和忠诚度，从而提升竞争力，拓展市场空间。

四、建议

对企业而言，首先要加强技术创新。在数字经济和电子商务快速发展的背景下，企业应不断提升技术水平，加大科研投入，推动产品和服务的创新，以应对市场竞争的挑战。其次，企业需要提升服务质量。服务质量是企业竞争力的重要体现，通过提供优质的服务，企业可以赢得客户的信赖和支持，提升市场份额。另外，企业还应拓展市场空间。随着市场竞争的加剧，企业应积极寻找新的市场机会，拓展产品销售渠道，开发新的客户群体，实现市场份额的增长。最后，企业应积极融入数字经济和电子商务的发展中。数字经济和电子商务已经成为企业发展的重要方向，企业应利用互联网和大数据等技术，拓展线上业务，提升运营效率，提升竞争力。

对于政策制定者而言，首先要加强政策支持。政府应制定更加积极的政策，鼓励企业加大技术创新投入，推动数字经济和电子商务的健康发展。其次，政府应优化法规环境。针对数字经济和电子商务发展中存在的问题和挑战，政府应及时修订相关法规，提升法规的适应性和灵活性，为企业发展提供良好的法律环境。最后，政府应推动数字经济和电子商务与现代服务业的协同发展。政府可以通过加强跨部门协调，建立政策联动机制，推动数字经济和电子商务与现代服务业的深度融合，实现经济的高质量发展。

参考文献

[1] 裴长洪，倪江飞，李越．数字经济的政治经济学分析 [J]. 财贸经济，2018（9）：5-22.

[2] 唐要家．数字平台的经济属性与监管政策体系研究 [J]. 经济纵横，2021（4）：43-51.

[3] 王静田，付晓东．数字经济的独特机制、理论挑战与发展启示——基于生产要素秩序演进和生产力进步的探讨 [J]. 西部论坛，2020（6）：1-12.

[4] 王玉柱．数字经济重塑全球经济格局——政策竞赛和规模经济驱动下的分化与整合 [J]. 国际展望，2018（4）：60-79.

[5] 张捷，陈田．产业融合对制造业绩效影响的实证研究——制造业与服务业双向融合的视角 [J]. 产经评论，2016（2）：17-26.

[6] 邓雯淇，杨秀丽. 基于交易成本理论的共享经济商业模式分析 [J]. 商业经济，2019（10）：72-73，82.

[7] 吕素昌. 共享经济视角下网约车商业模式研究[J]. 经济研究导刊，2019（27）：153-15，4.

[8] 秦建群，赵晶晶，刘超．数字经济与制造业高质量发展：基于政府创新偏好调节效应的研究 [J]. 西南民族大学学报：人文社会科学版，2022，43（10）：104-115.

[9] 姚战琪．数字经济对我国对外贸易竞争力的影响研究 [J]. 财经问题研究，2022（1）：110-119.

[10] 包玉香，张凯迪．数字经济发展对中国服务业国际分工地位的影响研究 [J]. 国际商务财会，2022（20）：12-21.

[11] 黄令，王亚飞，伍政兴．数字经济影响制造业高质量发展的实证检验 [J]. 统计与决策，2023（14）：22-27.

[12] 刘超，郑垂勇，丁晨辉，等.数字经济、绿色金融与绿色技术创新：基于中介效应和空间效应的实证研究 [J]. 技术经济与管理研究，2023（6）：7-12.

[13] 黄漫宇，余祖鹏，赵曜.生产性服务业集聚对绿色技术创新的影响研究 [J]. 统计与信息论坛，2022，37（12）：20-31.

[14] 刘中艳，史鹏飞.甘肃省现代服务业发展影响因素的实证研究 [J]. 沈阳工业大学学报：社会科学版，2019，12（2）：129-136.

[15] 王一冰.我国现代服务业集聚发展的影响因素测度分析 [J]. 商业经济研究，2021（9）：173-175.

[16] 温忠麟，张雷，侯杰泰，等.中介效应检验程序及其应用 [J]. 心理学报，2004，3（5）：614-620.

[17] 程秋旺，许安心，陈钦."双碳"目标背景下农业碳减排的实现路径：基于数字普惠金融之验证 [J]. 西南民族大学学报：人文社会科学版，2022，43（2）：115-126.